Origami para ninos

Young Scholar

Young Scholar
An imprint of Ciparum LLC

Origami para ninos
© 2017 Ciparum LLC
All rights reserved.
ISBN-10:1-63589-512-X
ISBN-13:978-1-63589-512-4

www.youngscholar.co

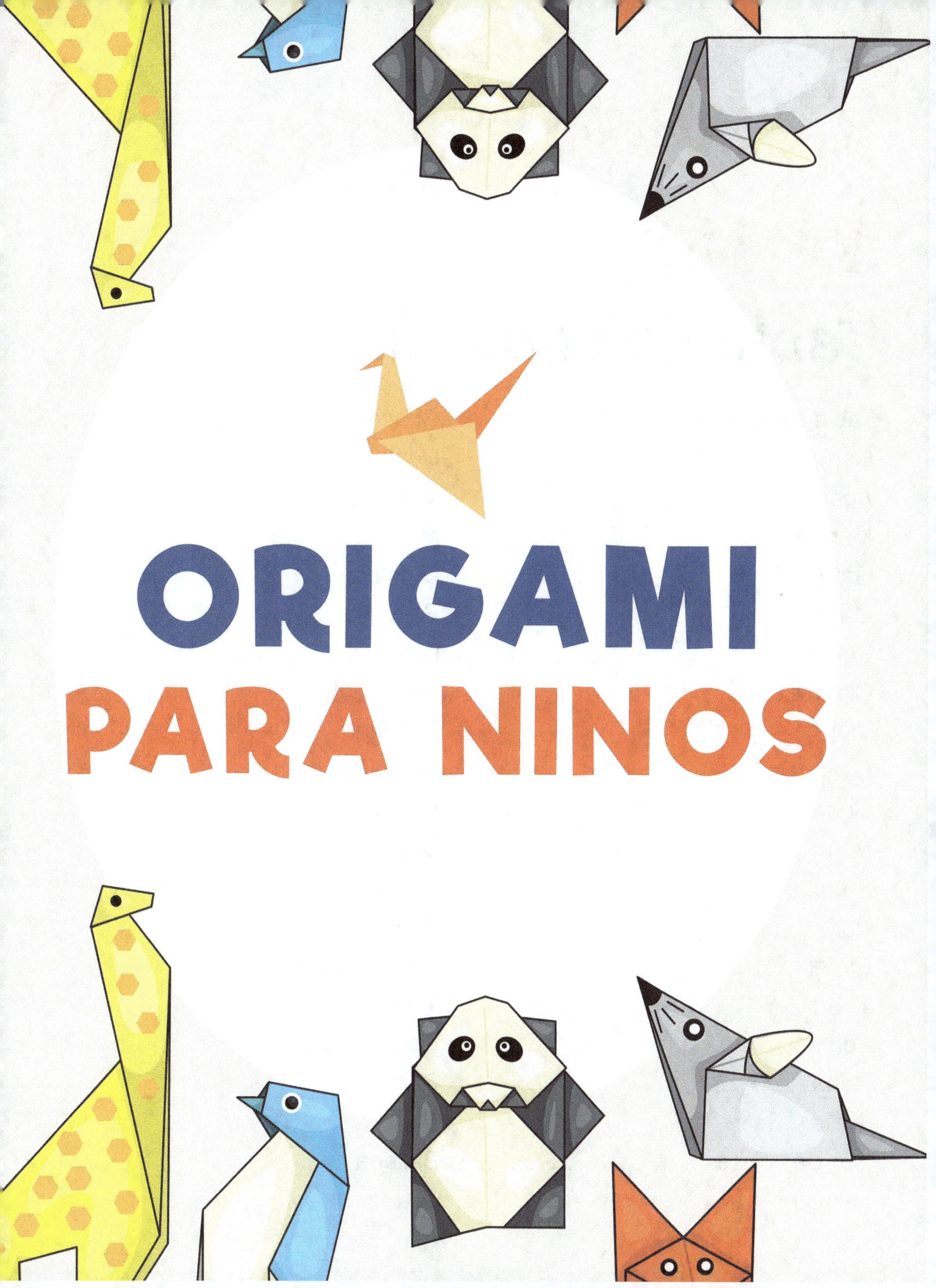

ORIGAMI
PARA NINOS

Origami para niños

Tabla de contenido

Oso

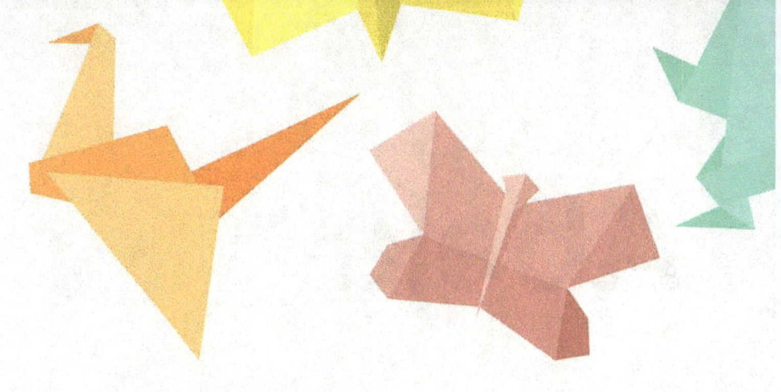

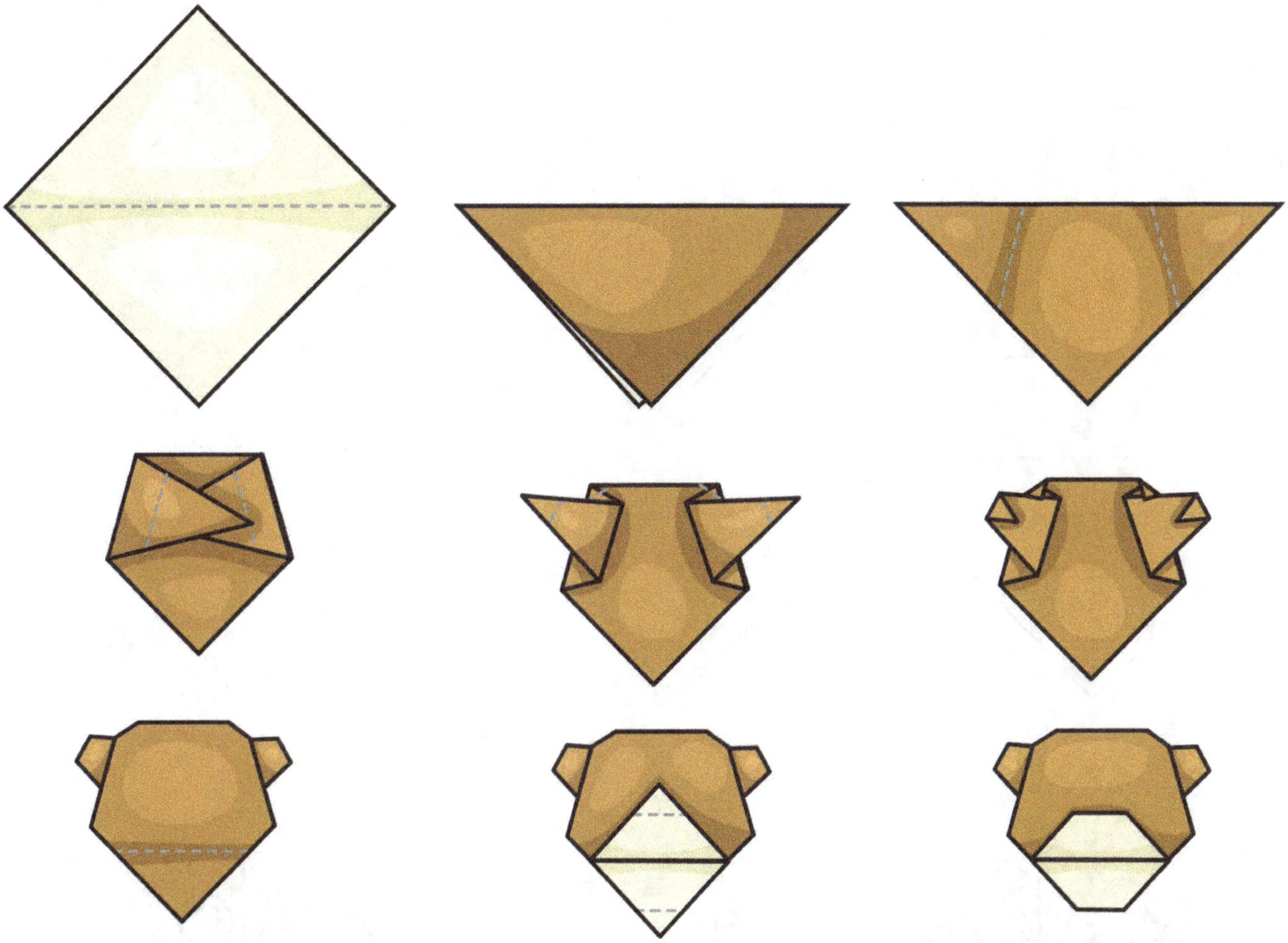

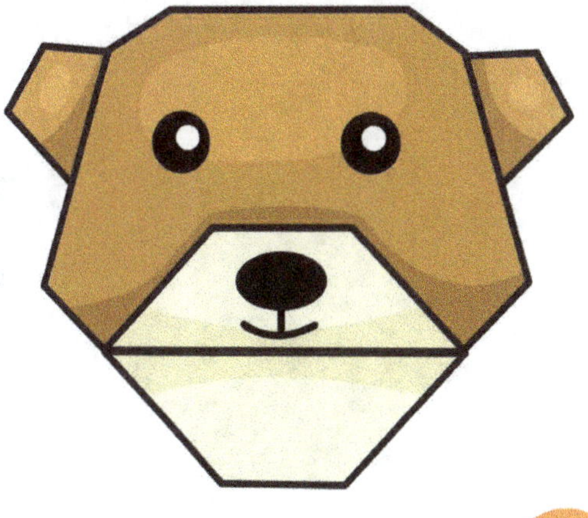

Bear

Abeja

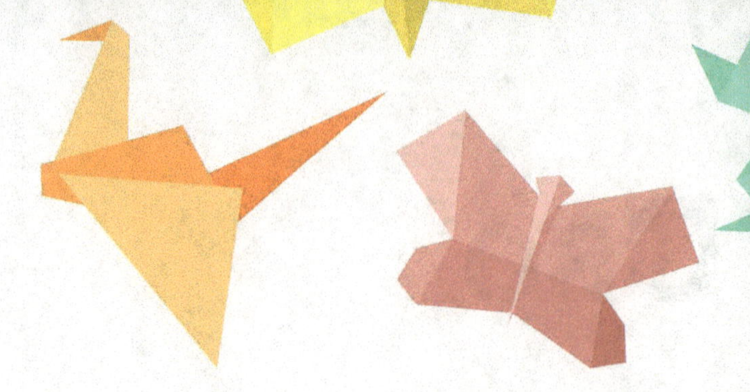

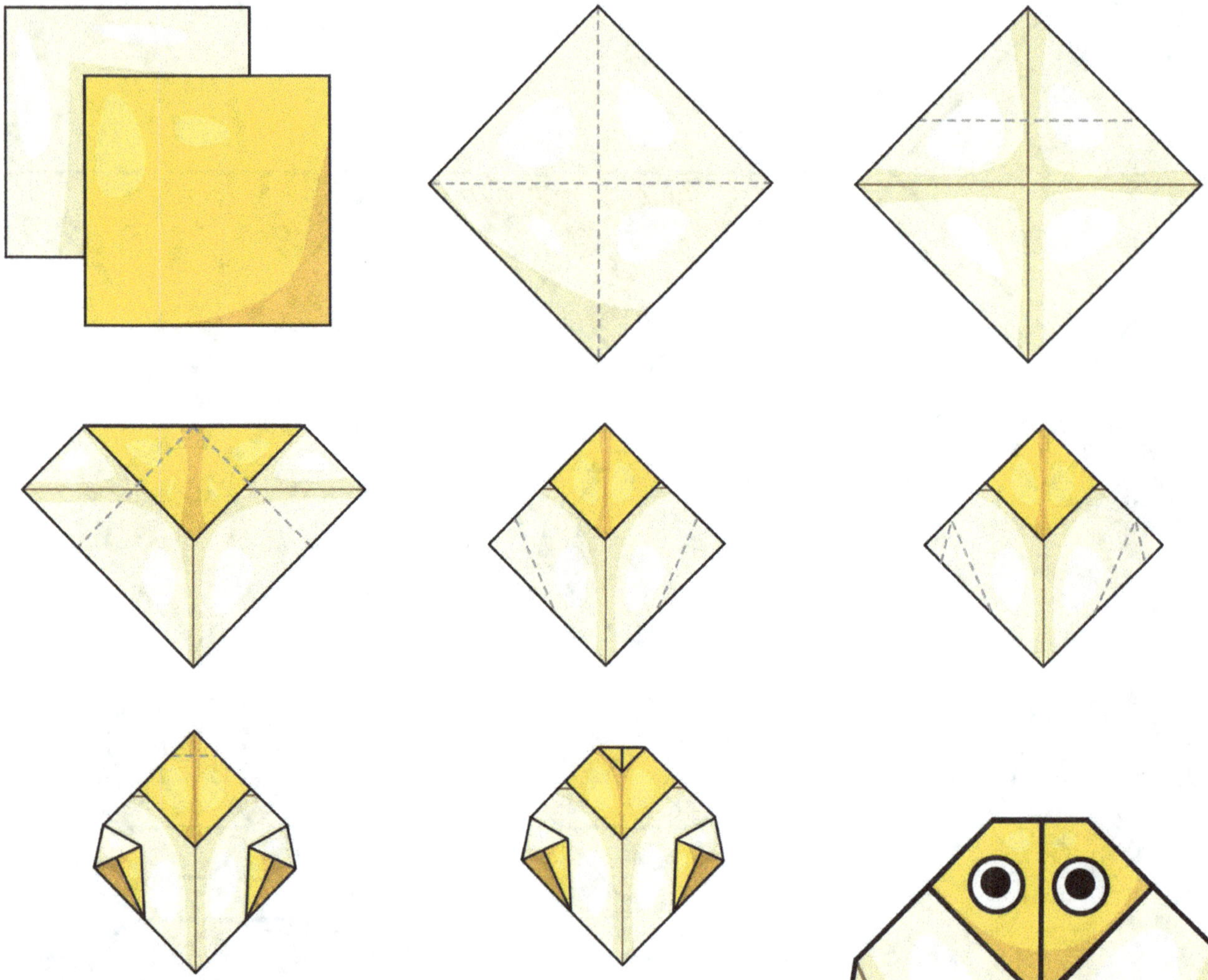

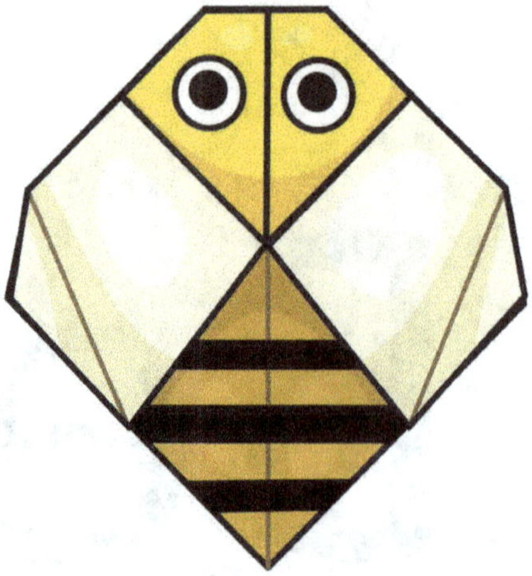

Bee

Mariposa

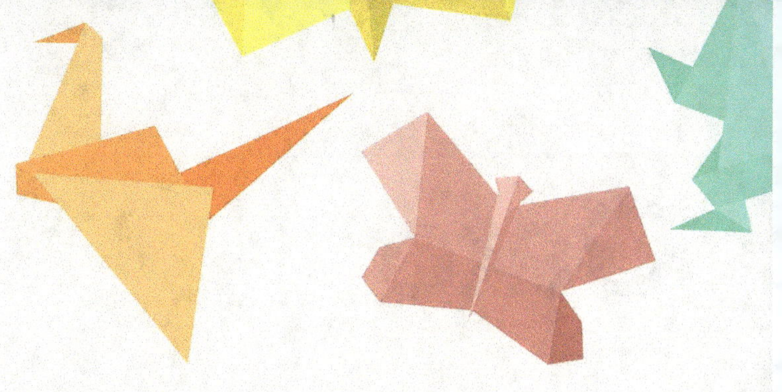

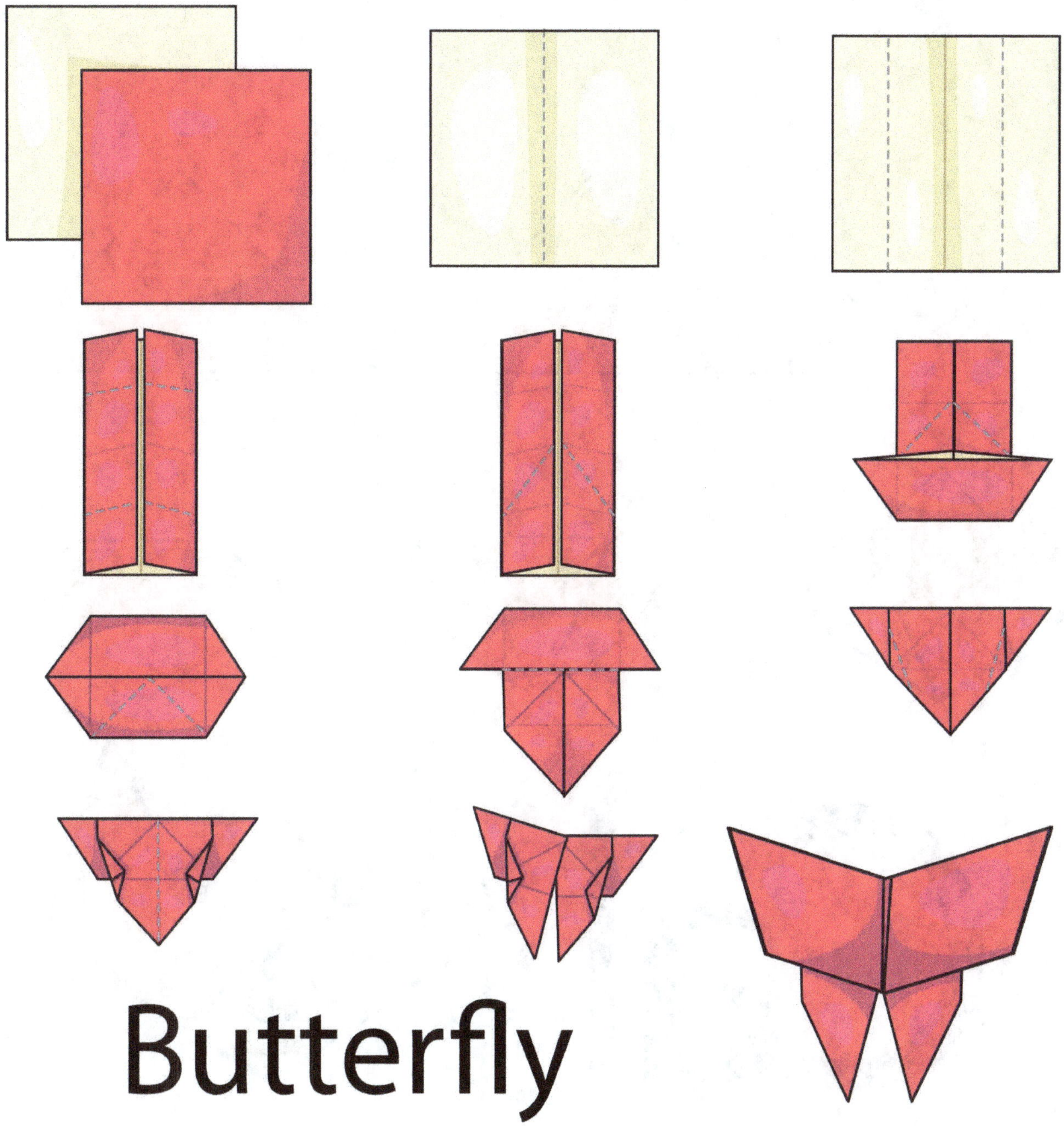

Butterfly

Gato

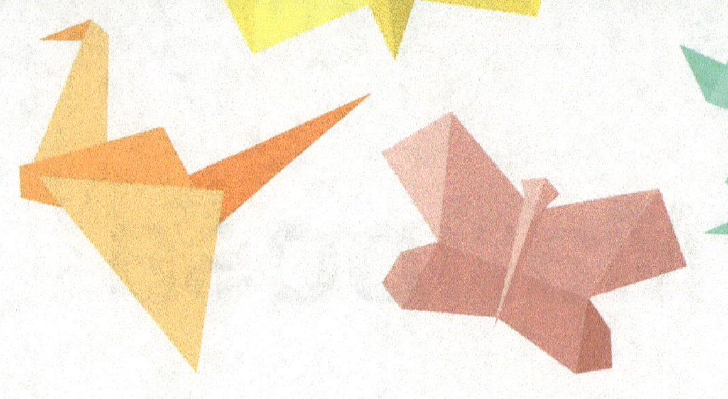

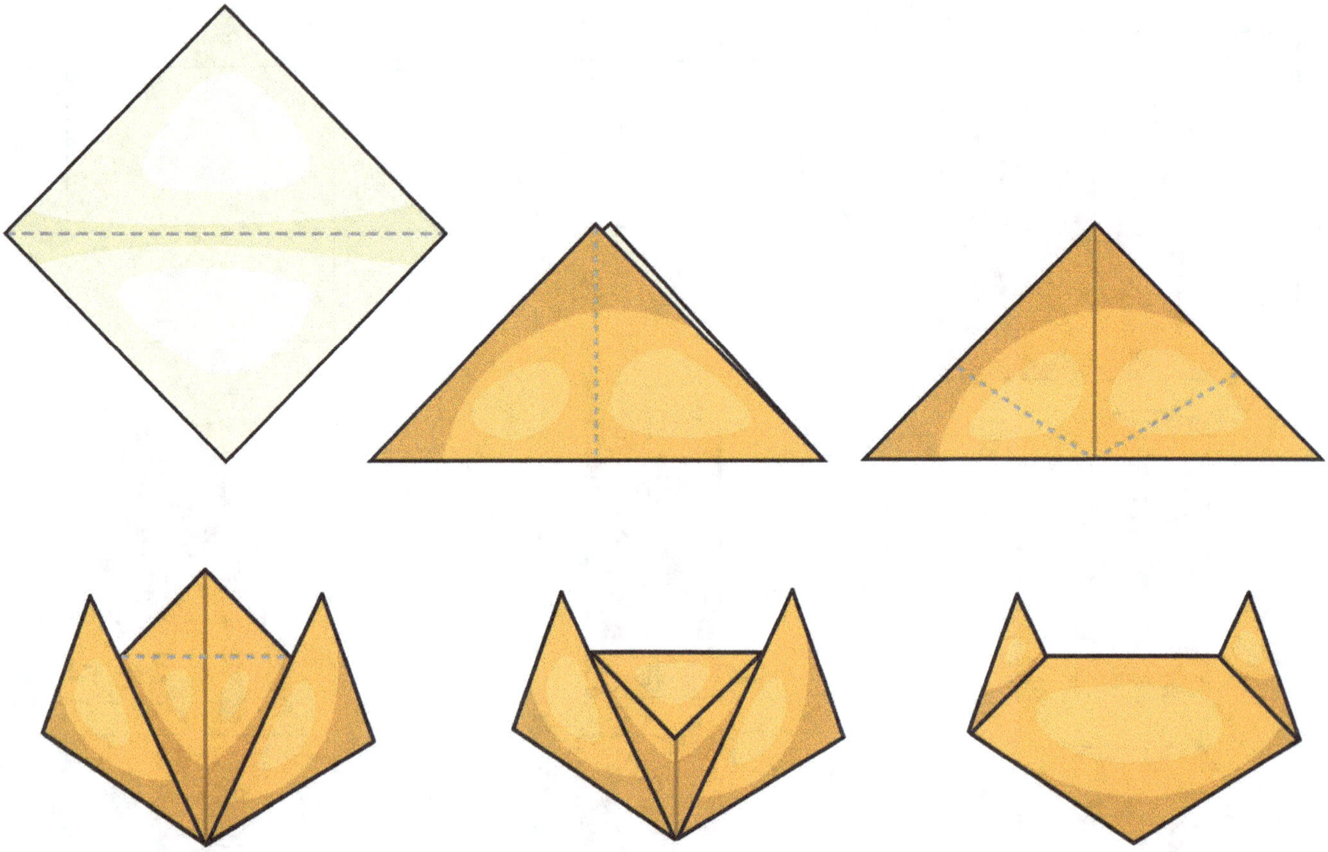

Cat

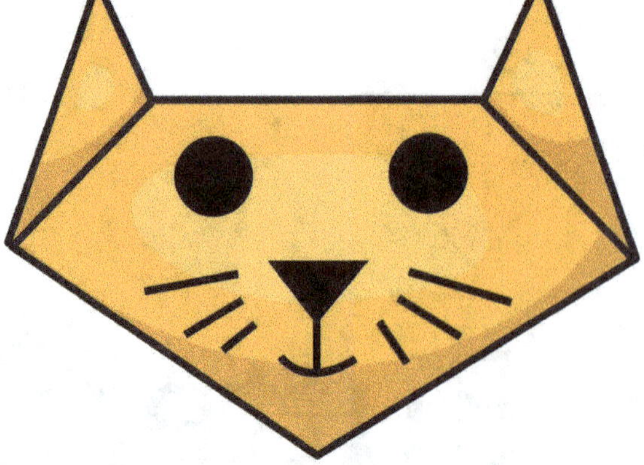

Gato

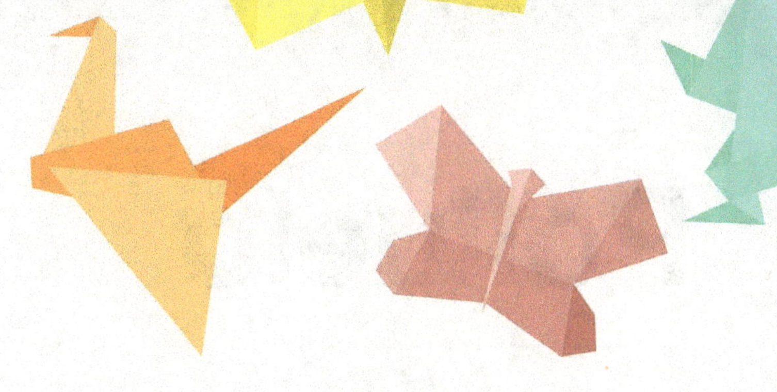

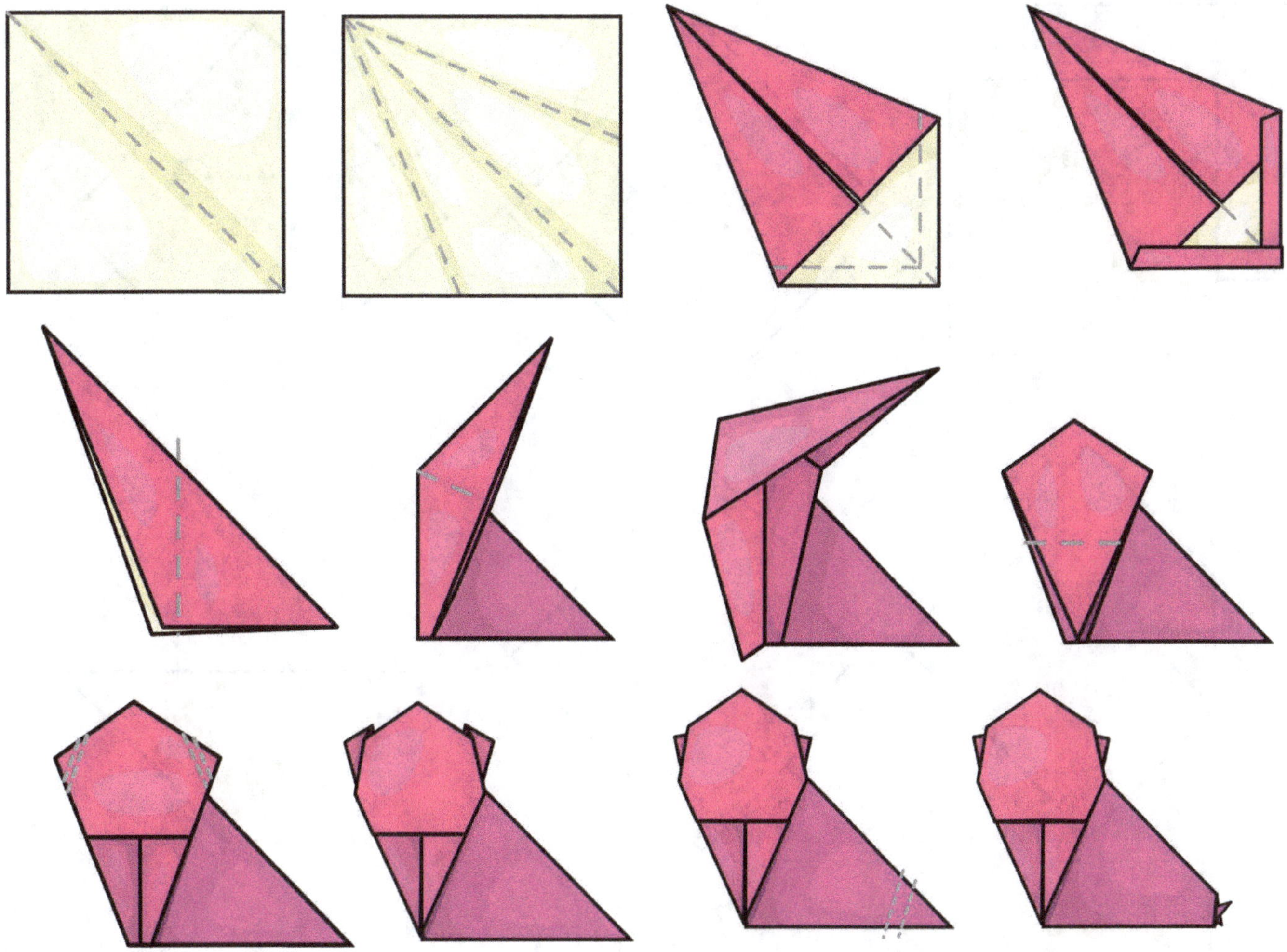

Cat

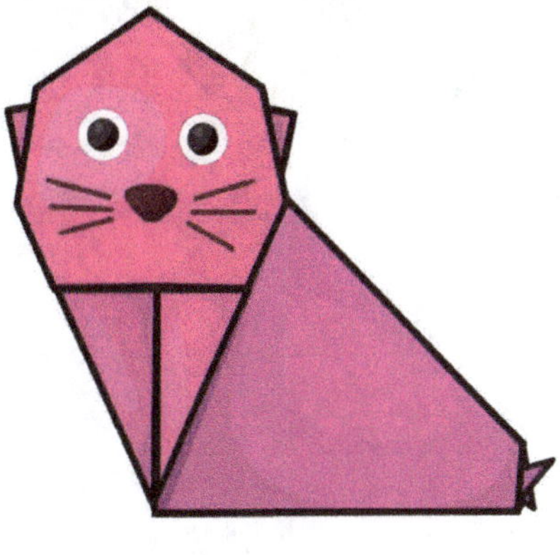

Polluelo

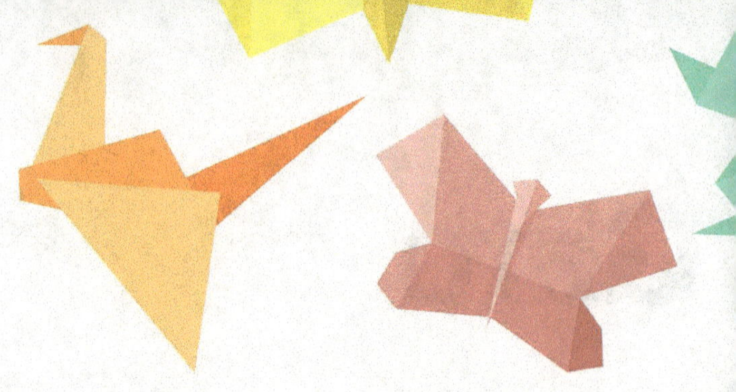

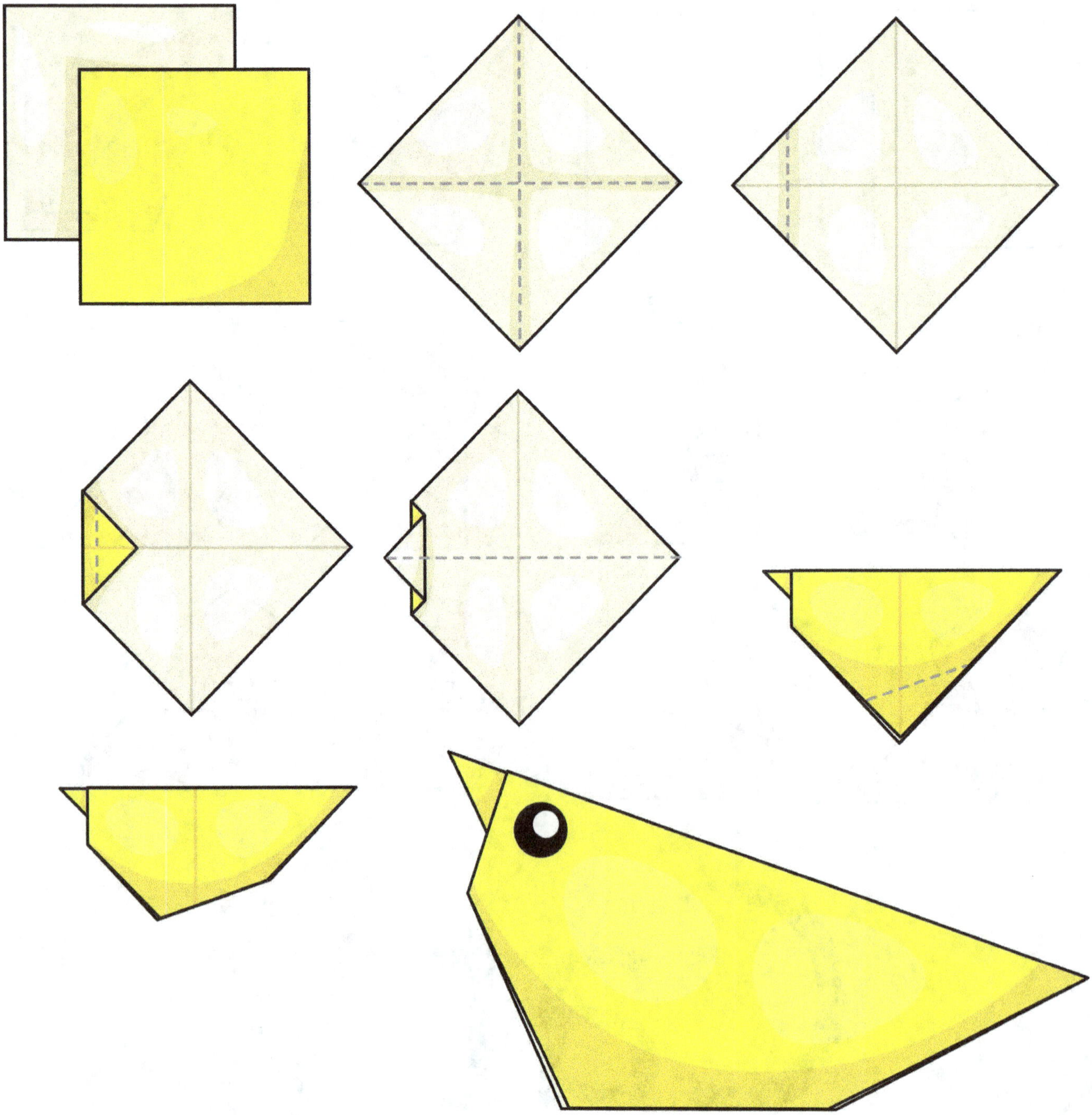

Cigarra

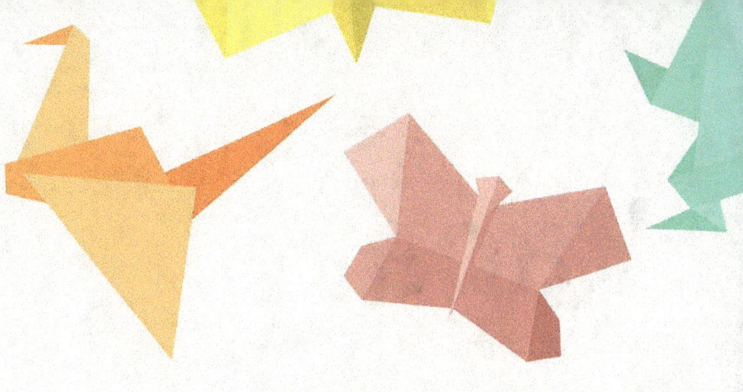

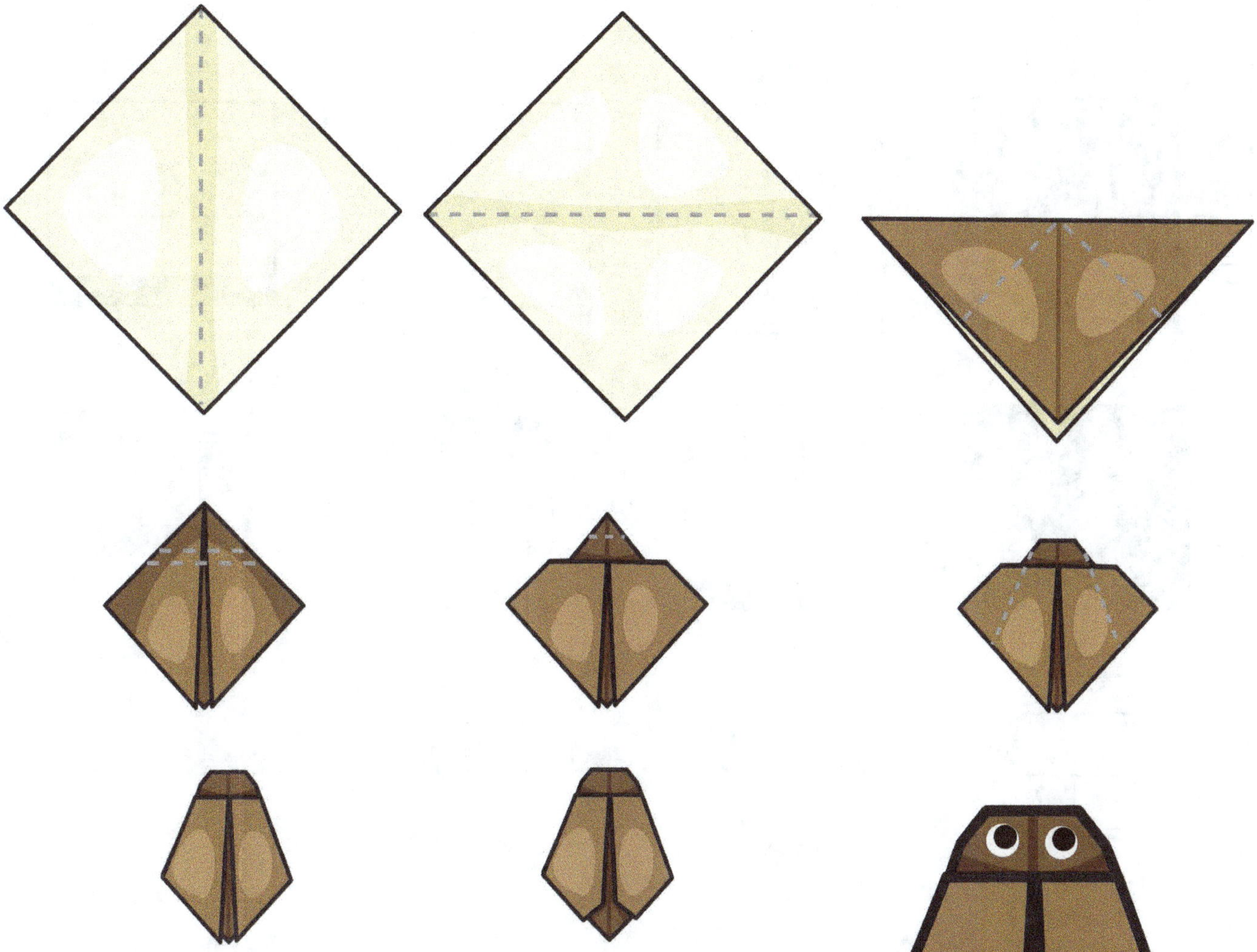

Cicada

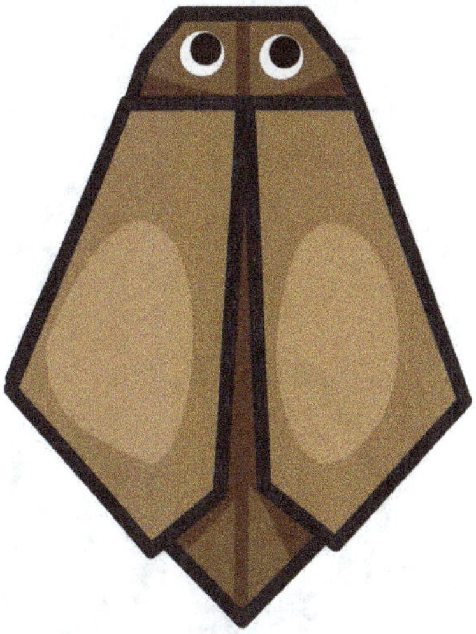

Vaca

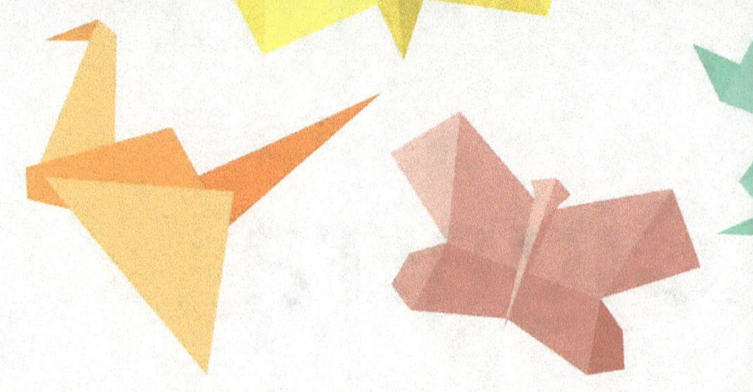

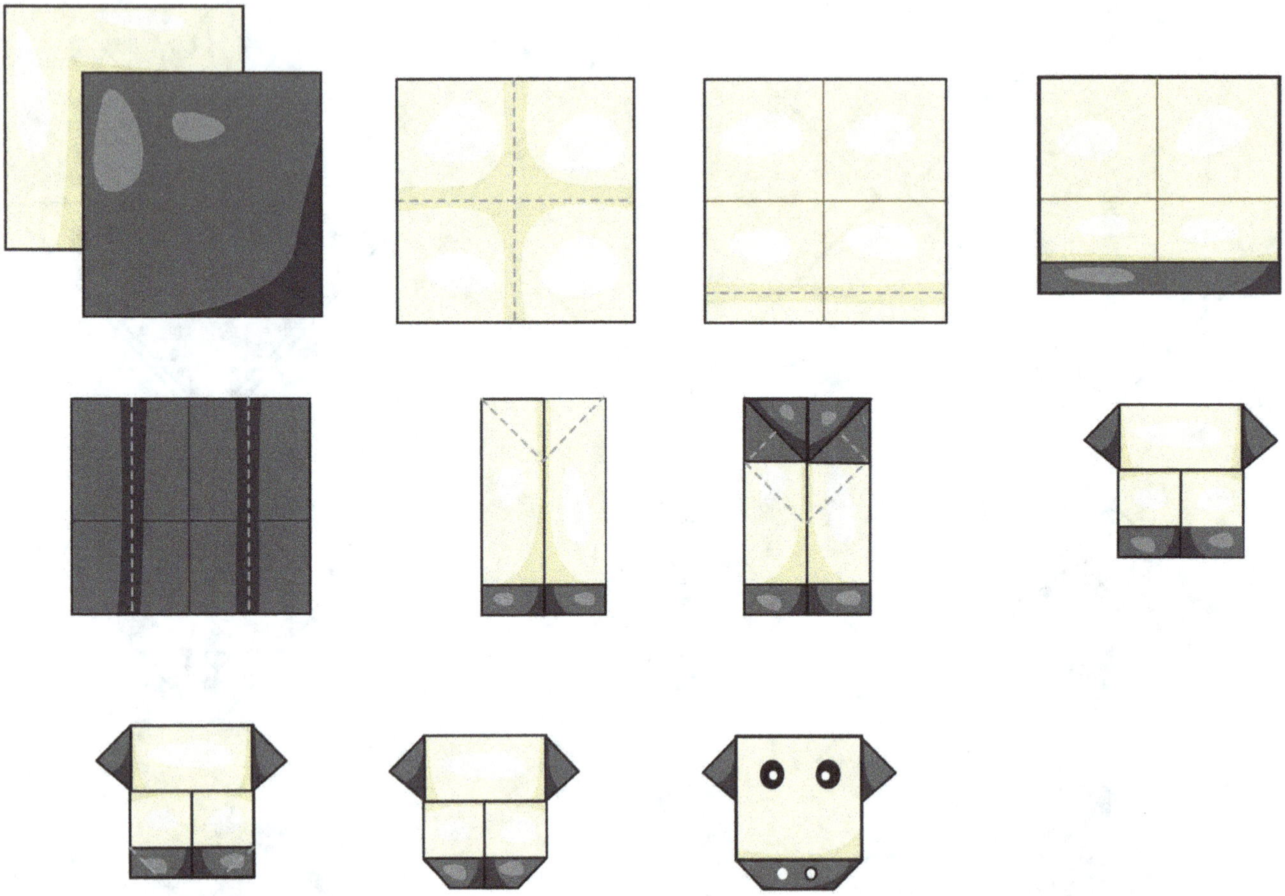

Cow

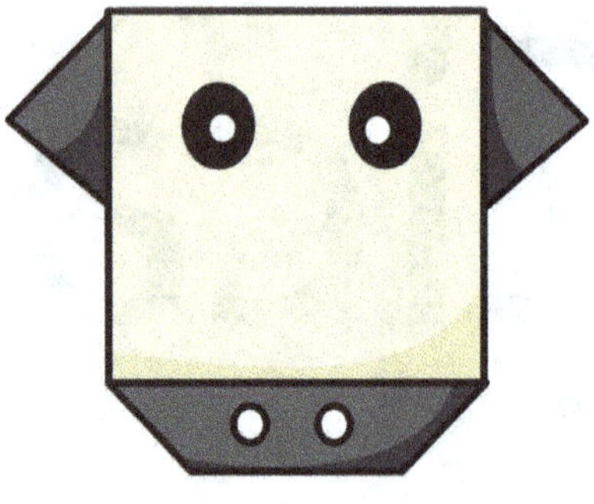

Cangrejo

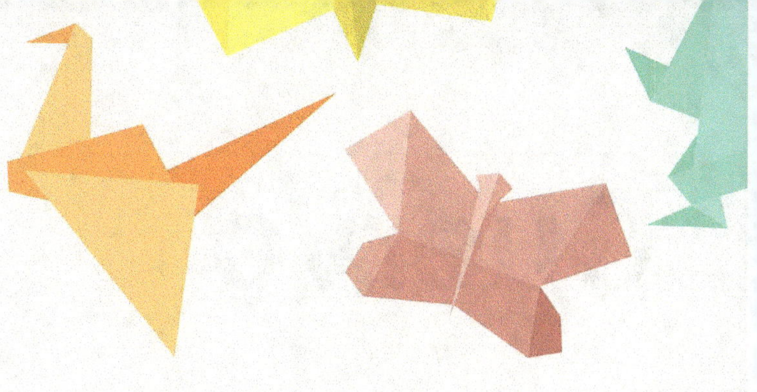

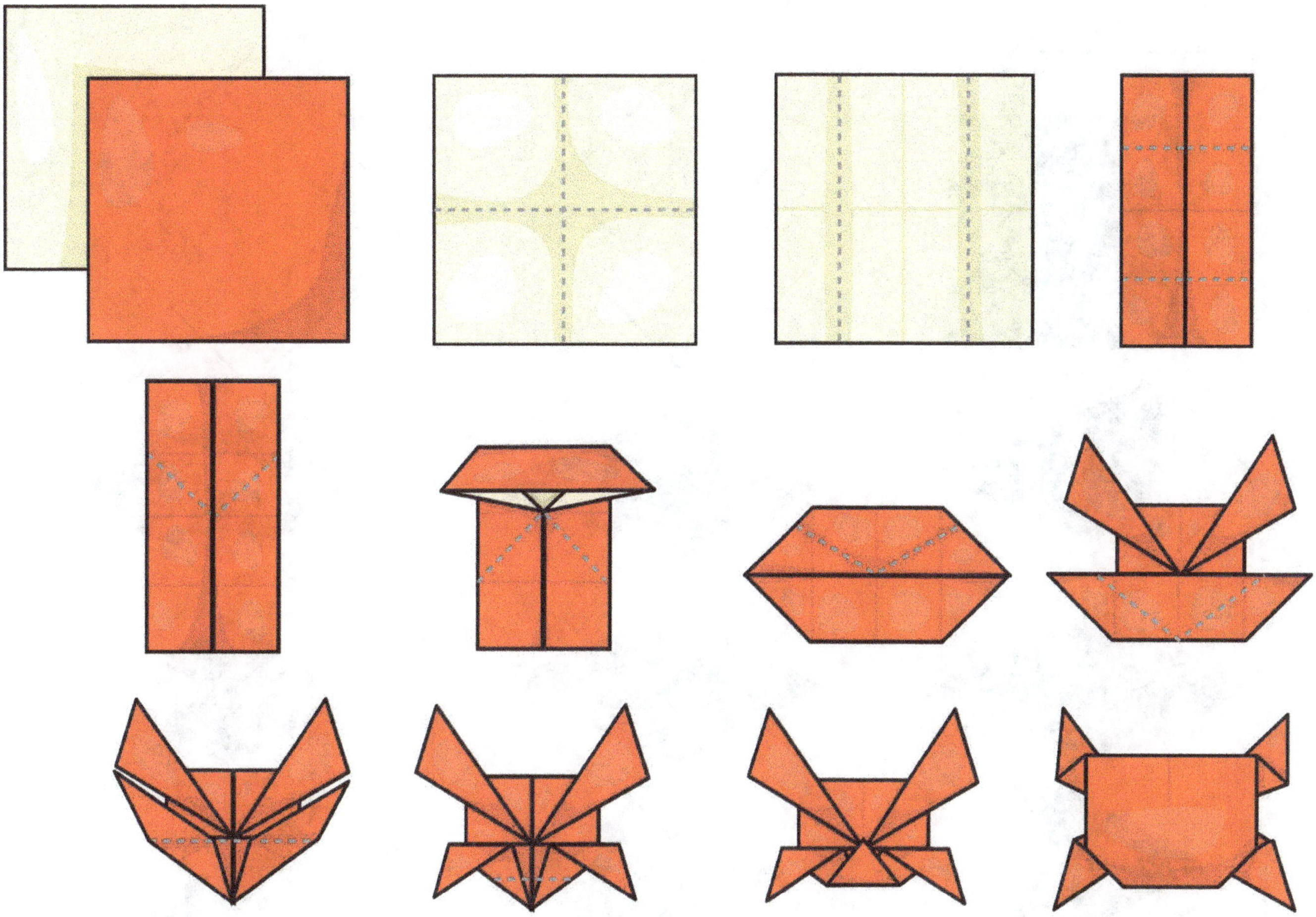

CRAB

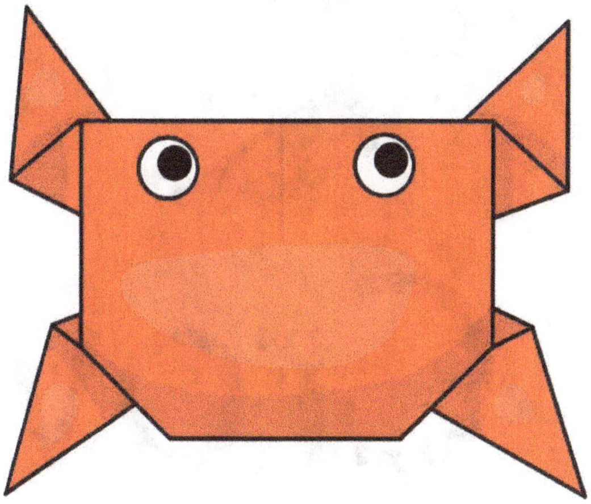

Cuervo

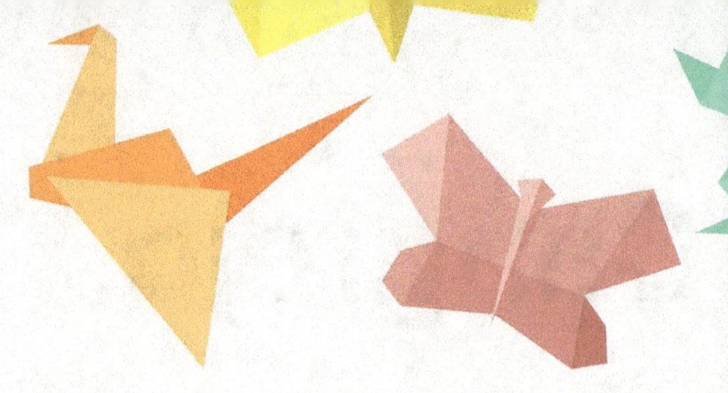

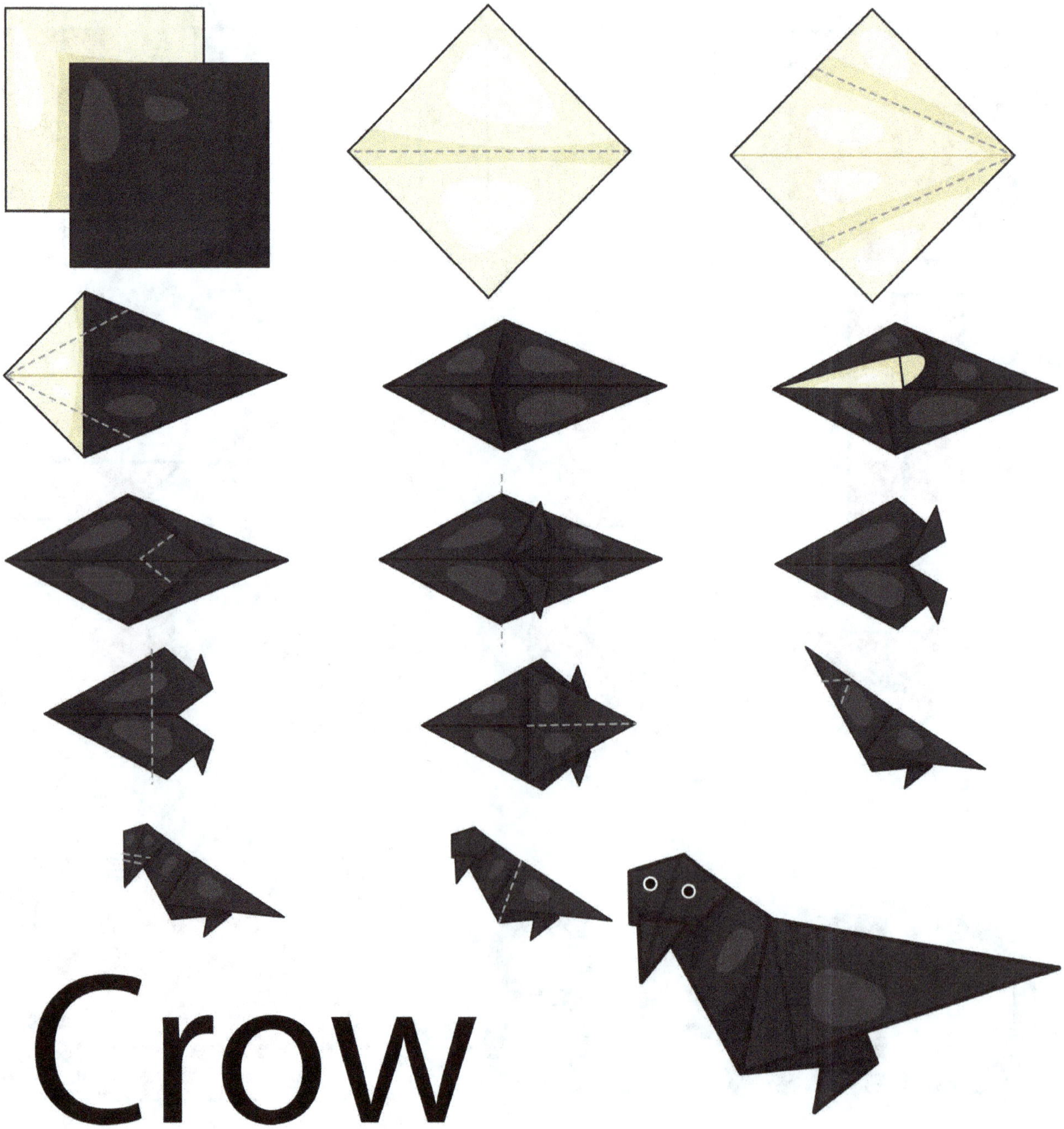

Crow

Perro

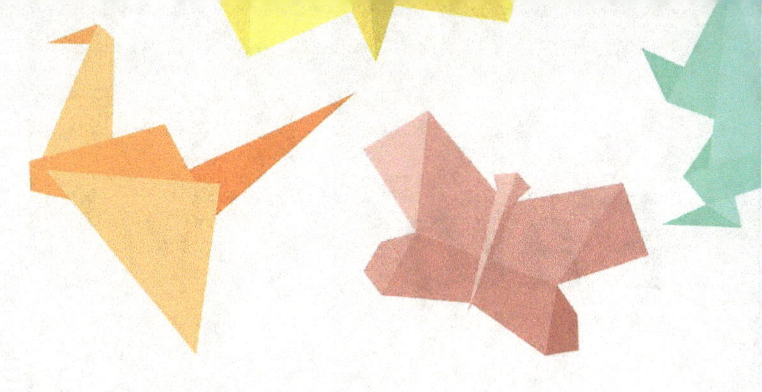

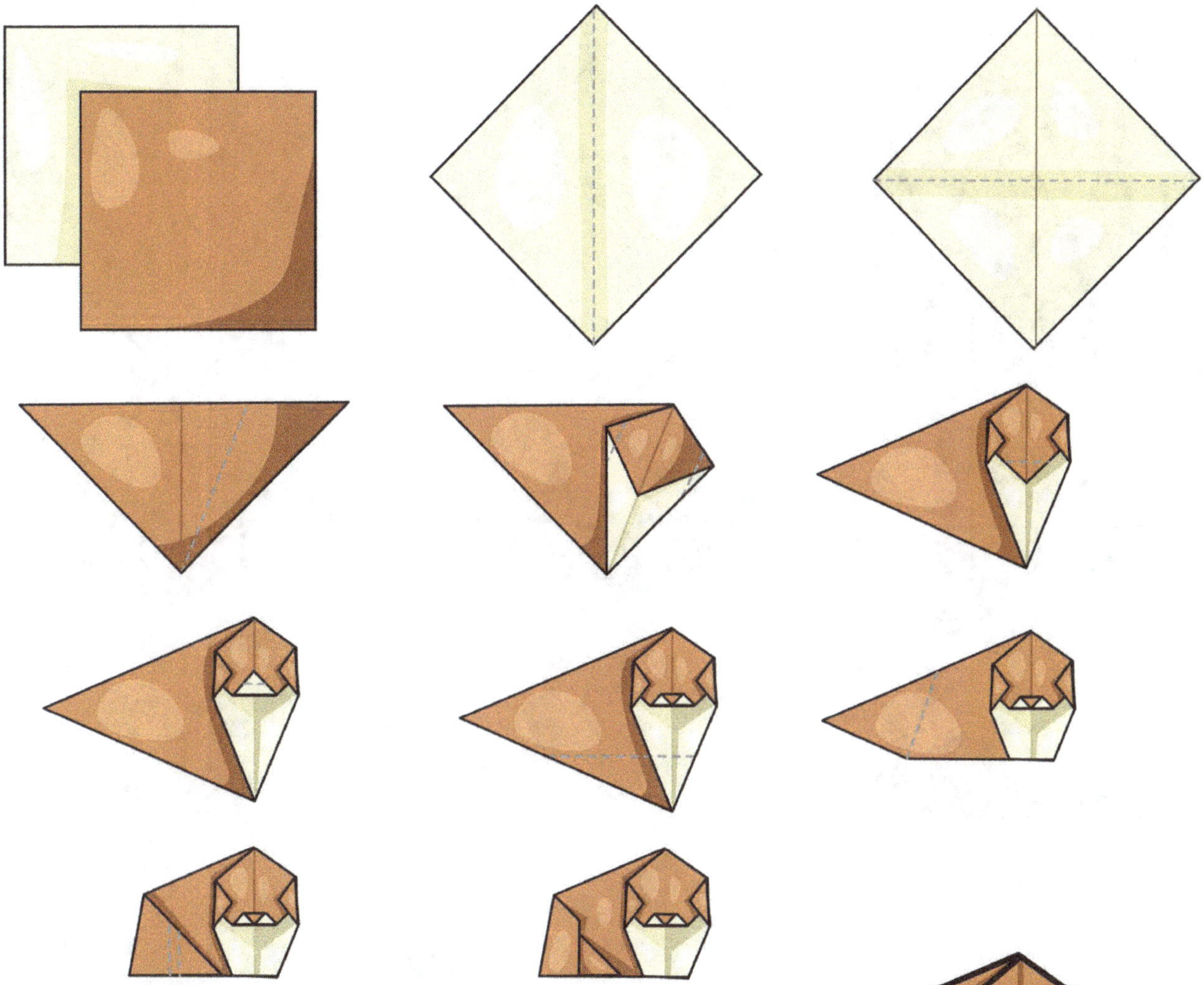

Dog

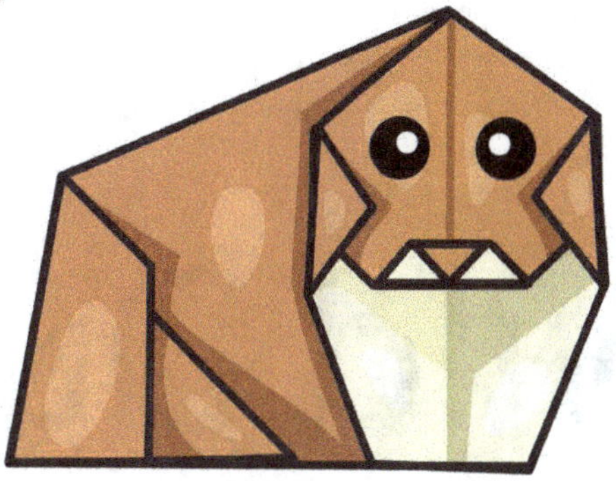

Pato

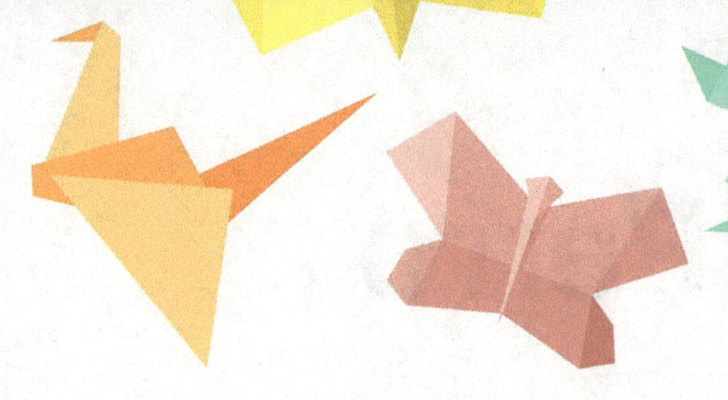

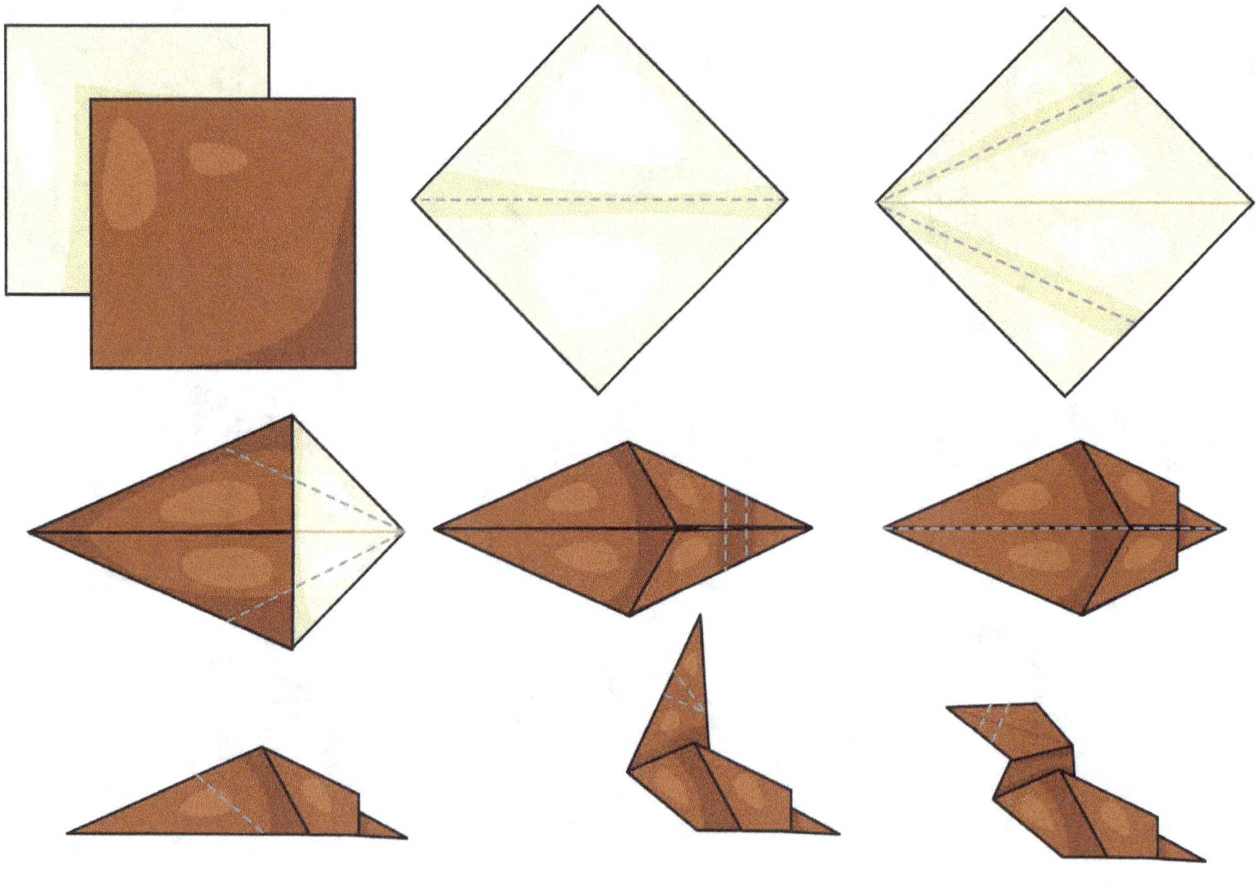

Wild Duck

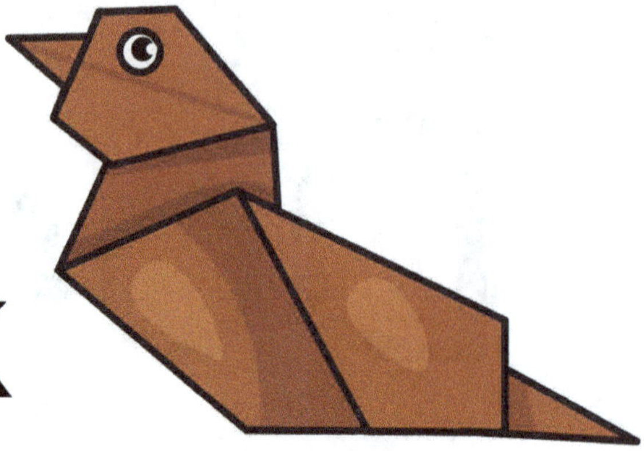

Pato

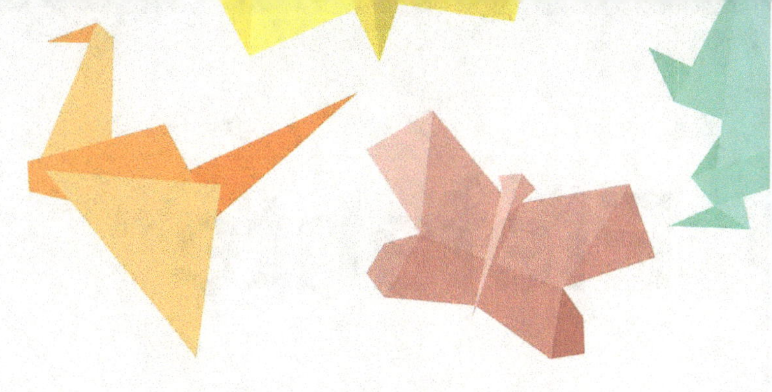

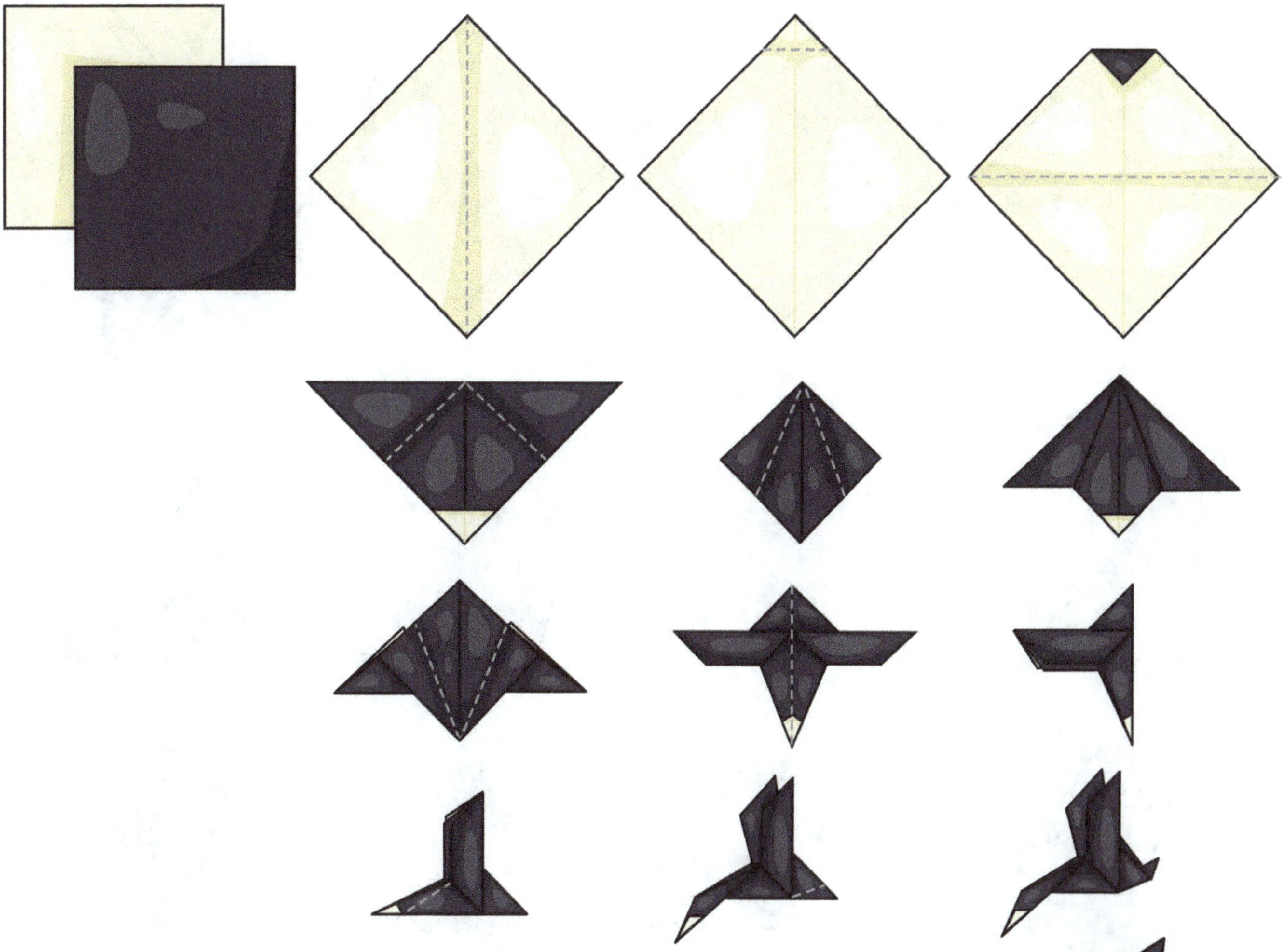

DUCK

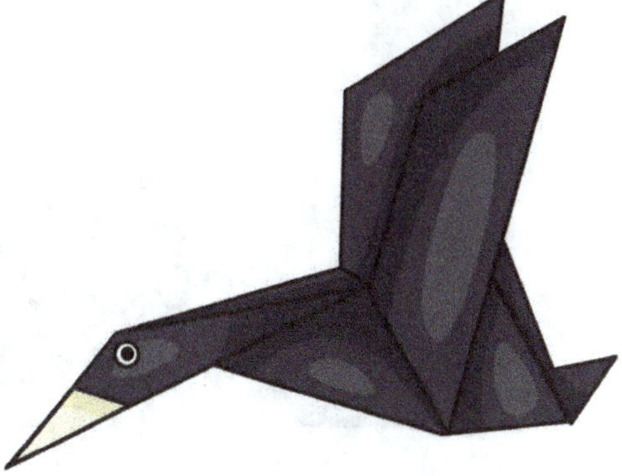

Elefante

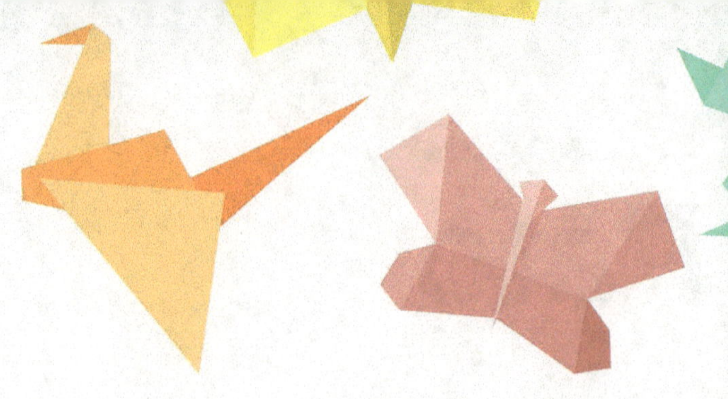

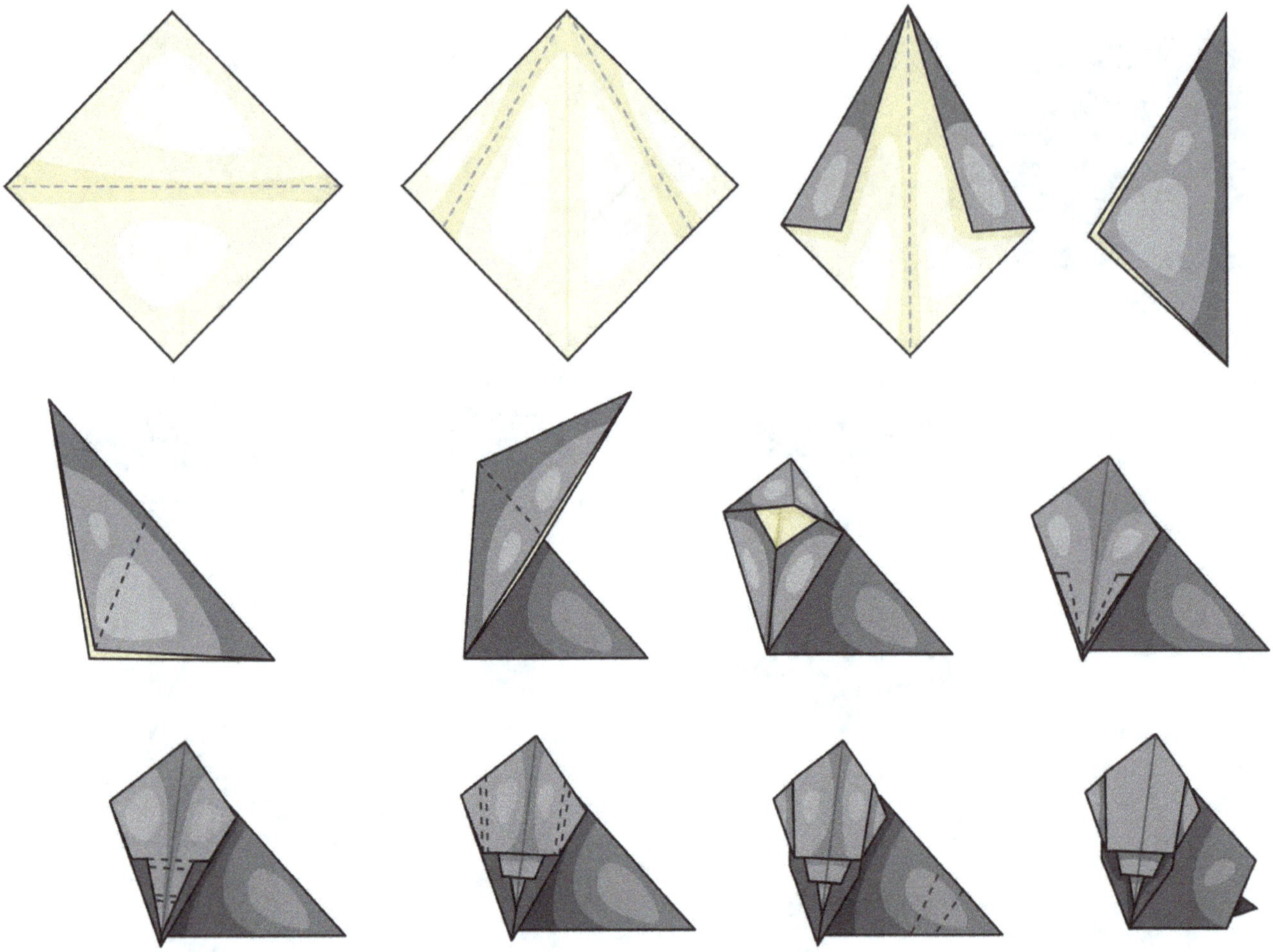

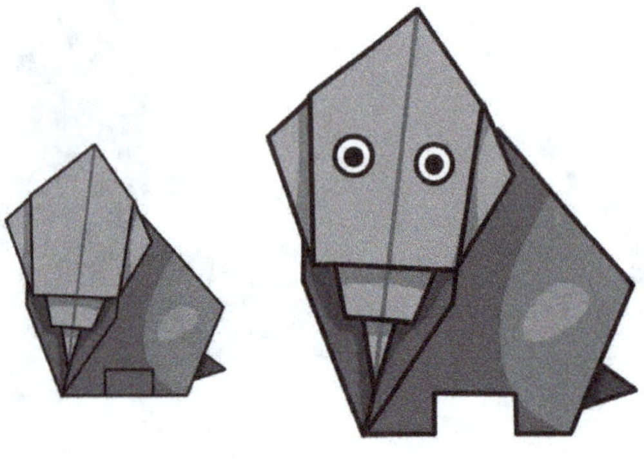

Elephant

Zorro

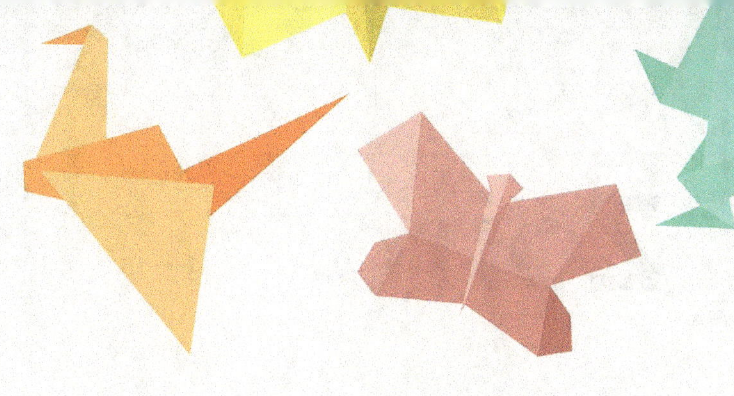

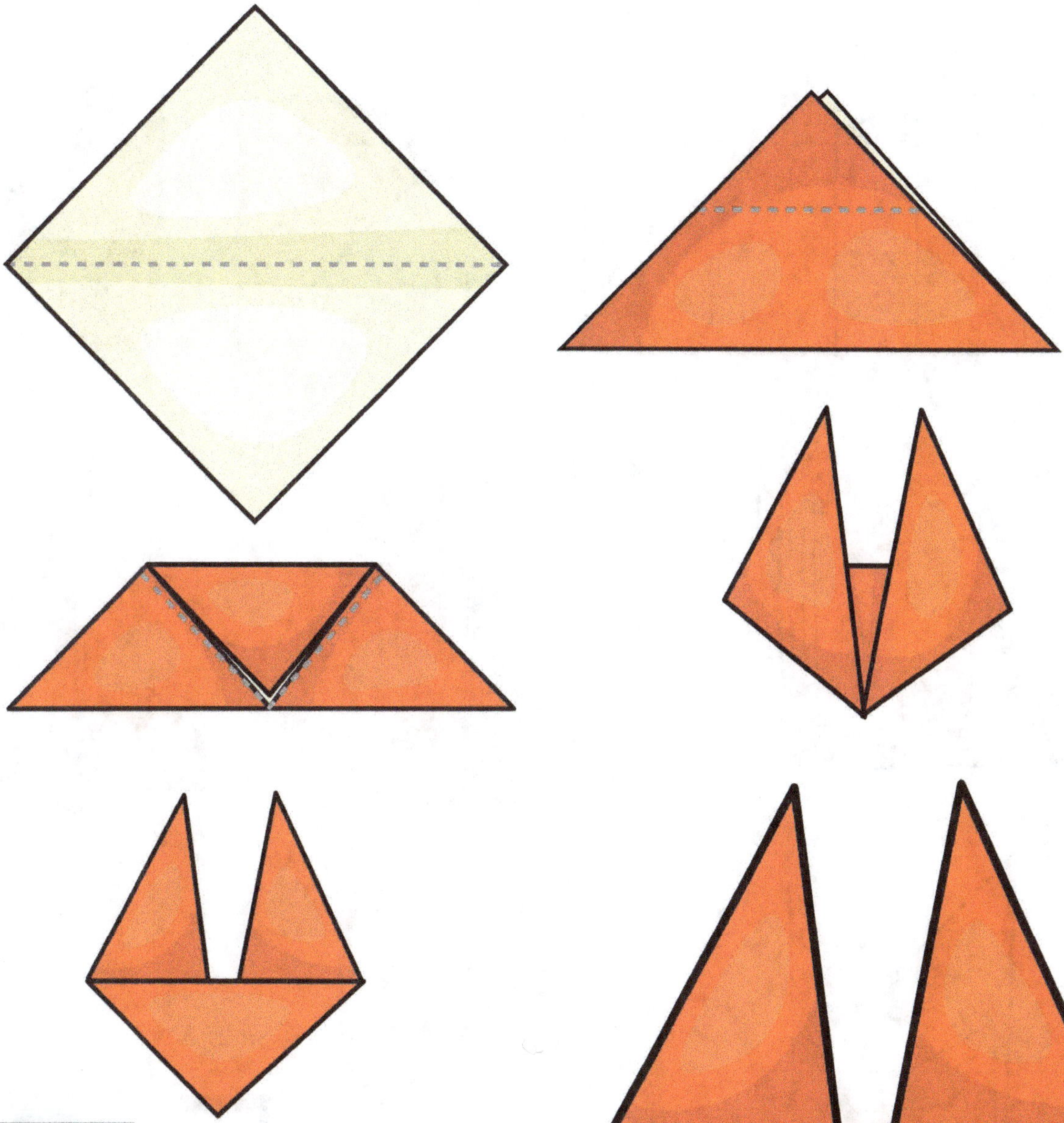

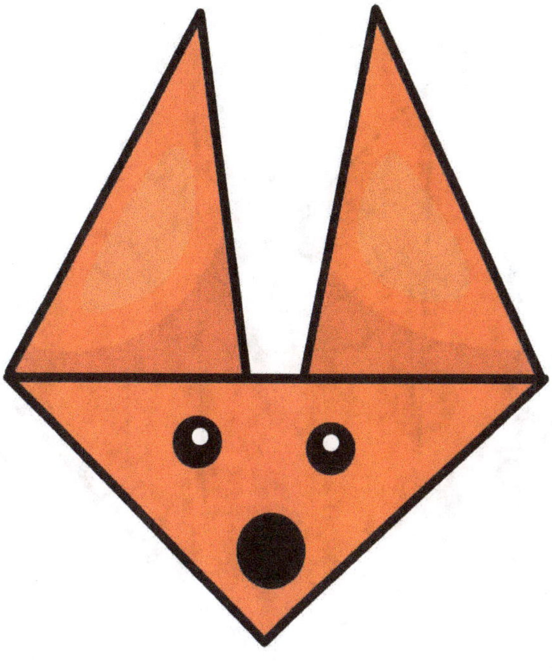

Fox

Zorro

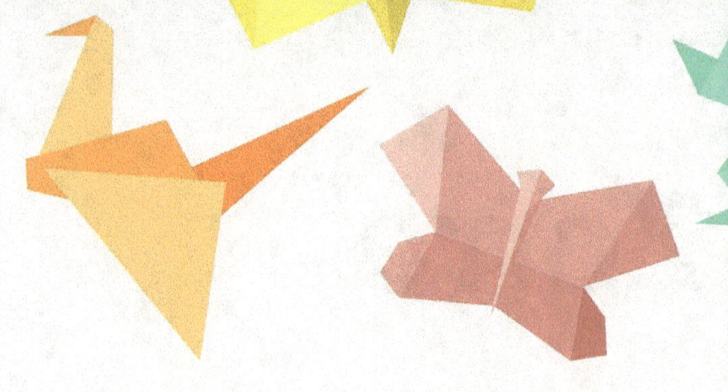

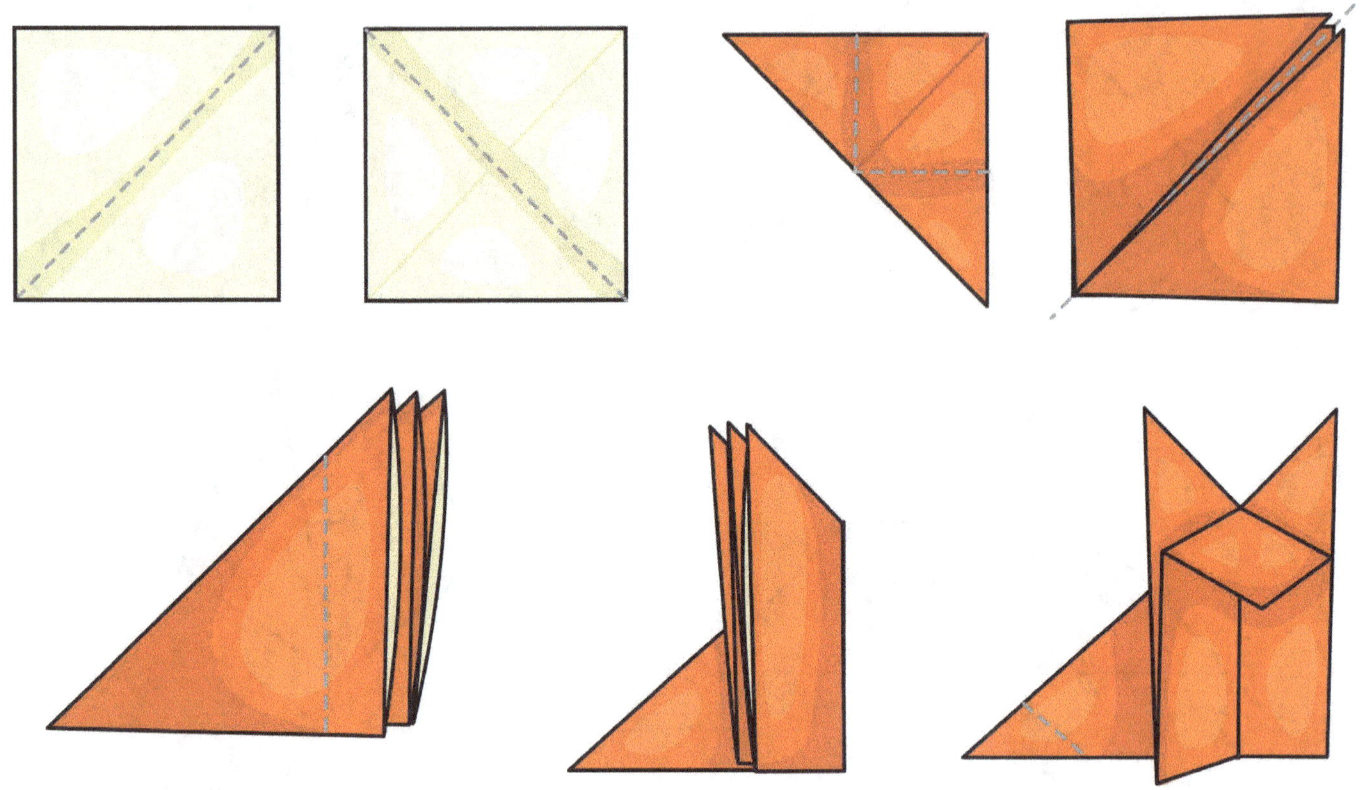

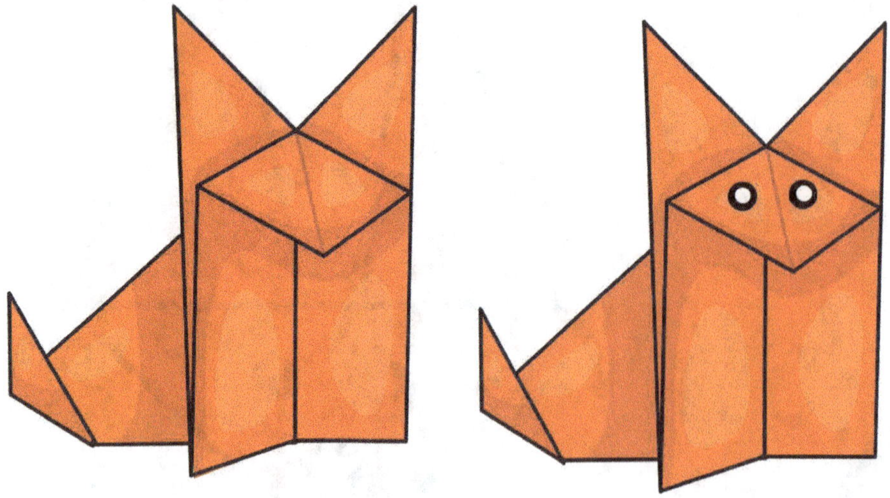

Fox

Rana

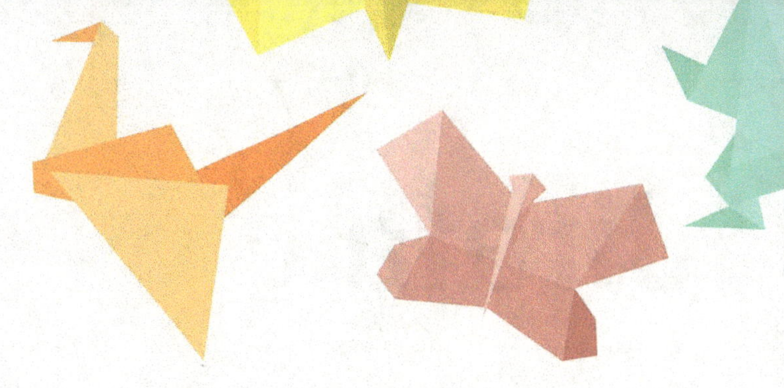

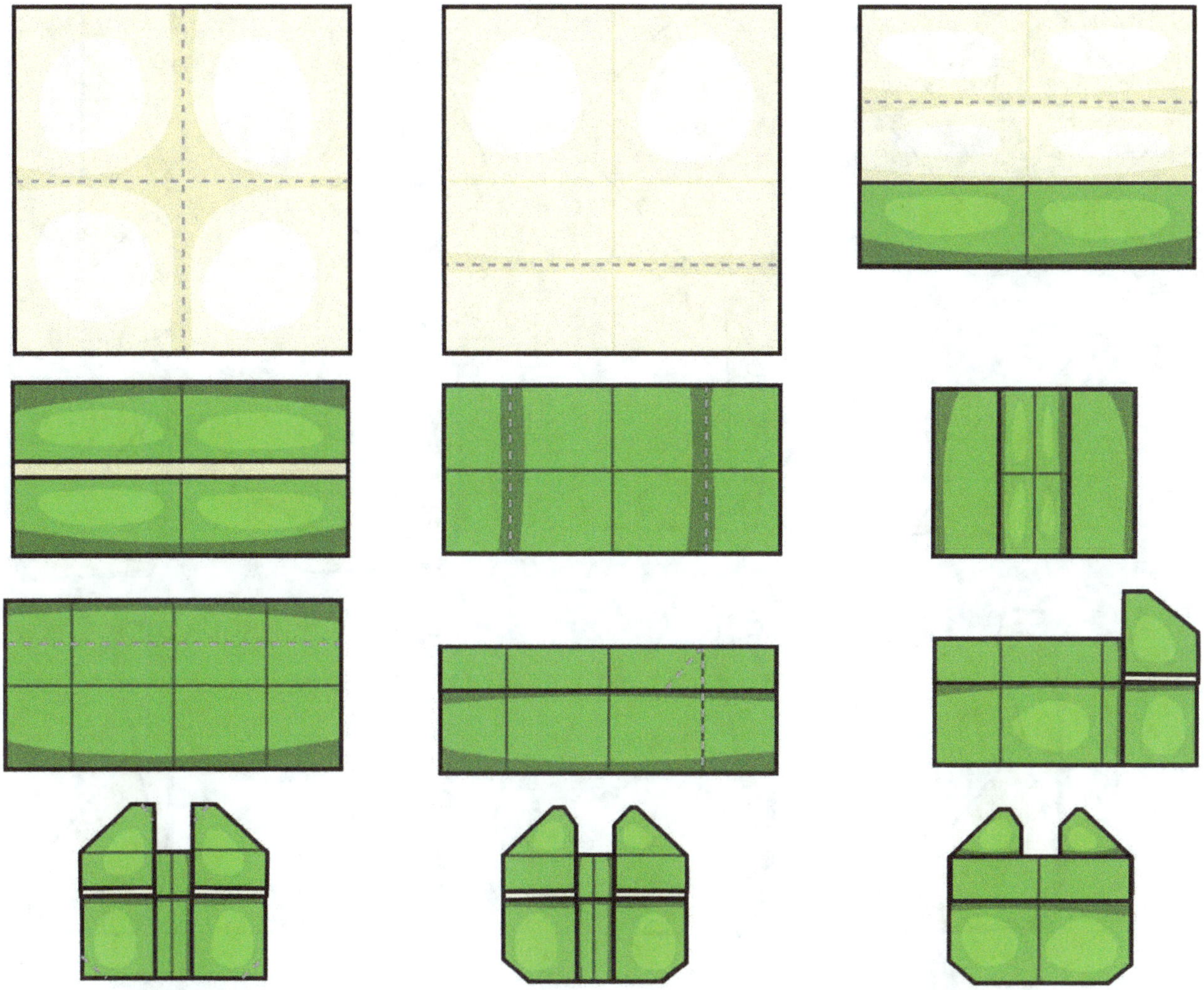

Frog

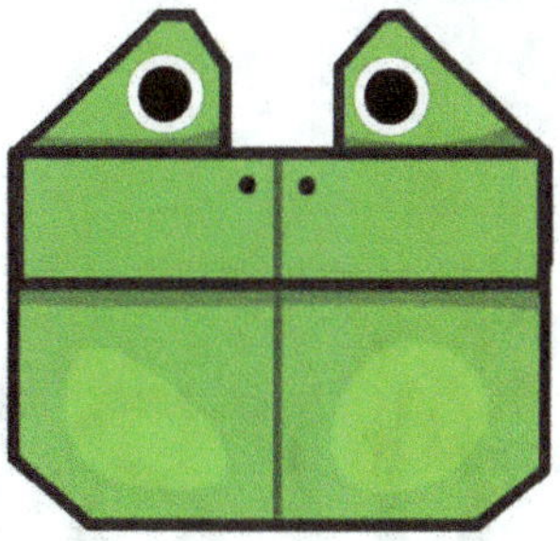

Jirafa

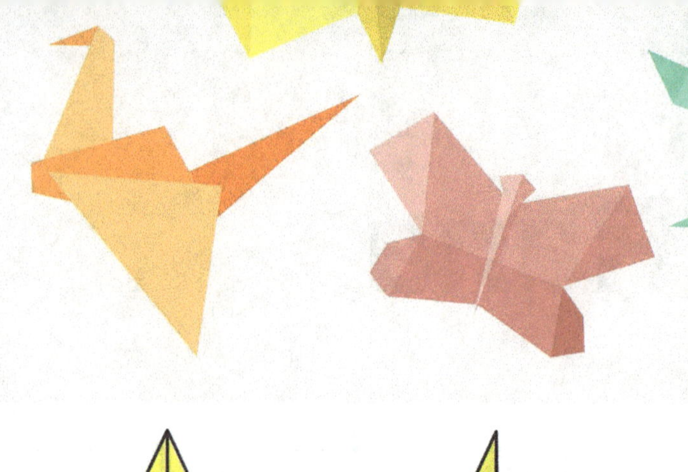

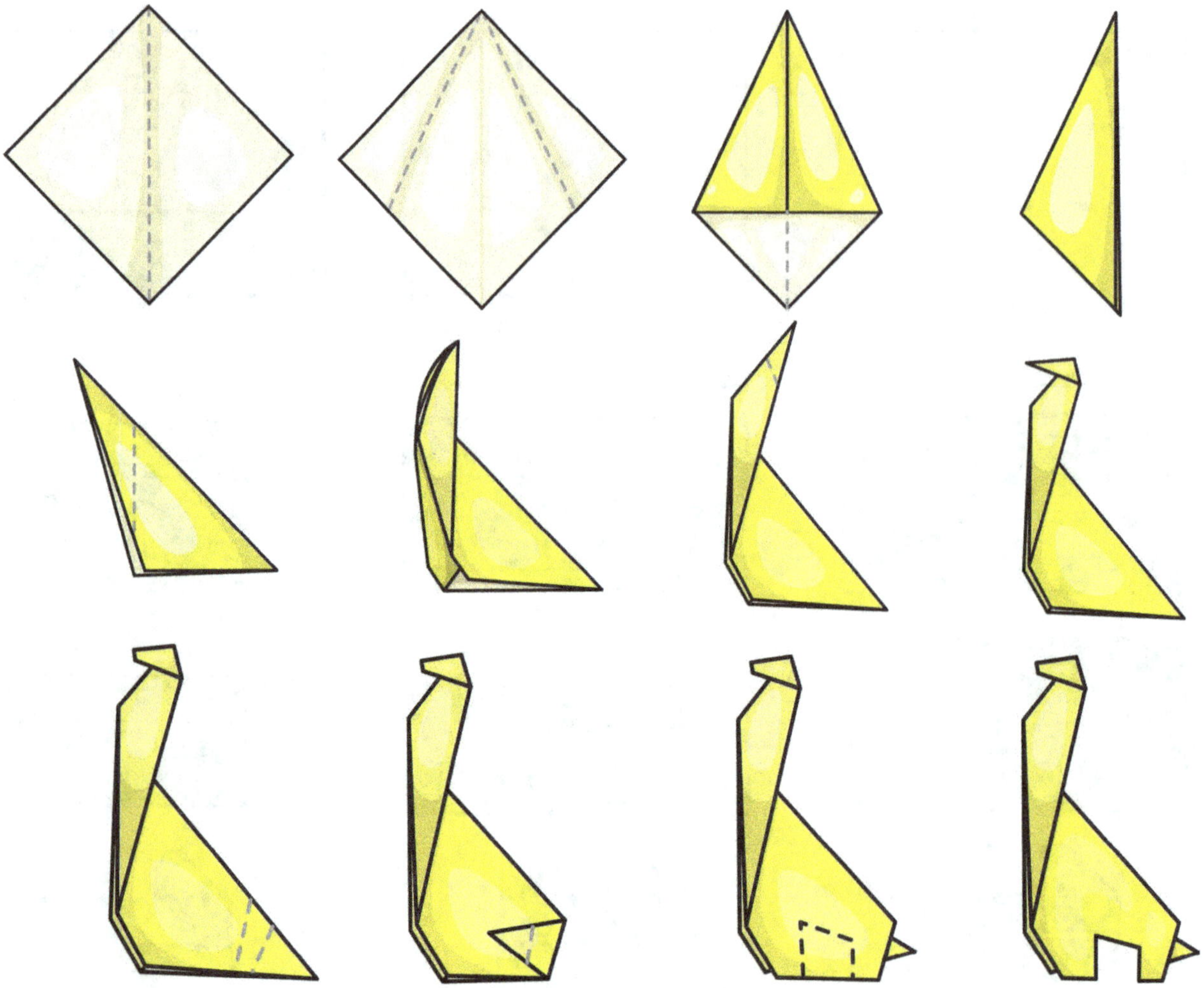

Giraffe

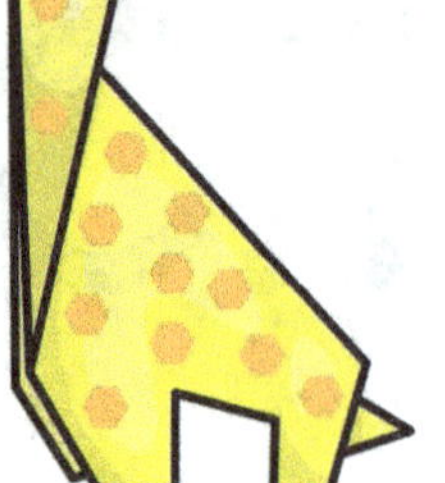

Pez de colores

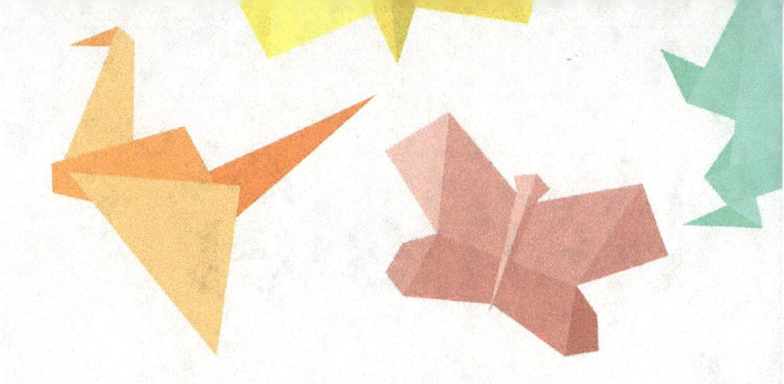

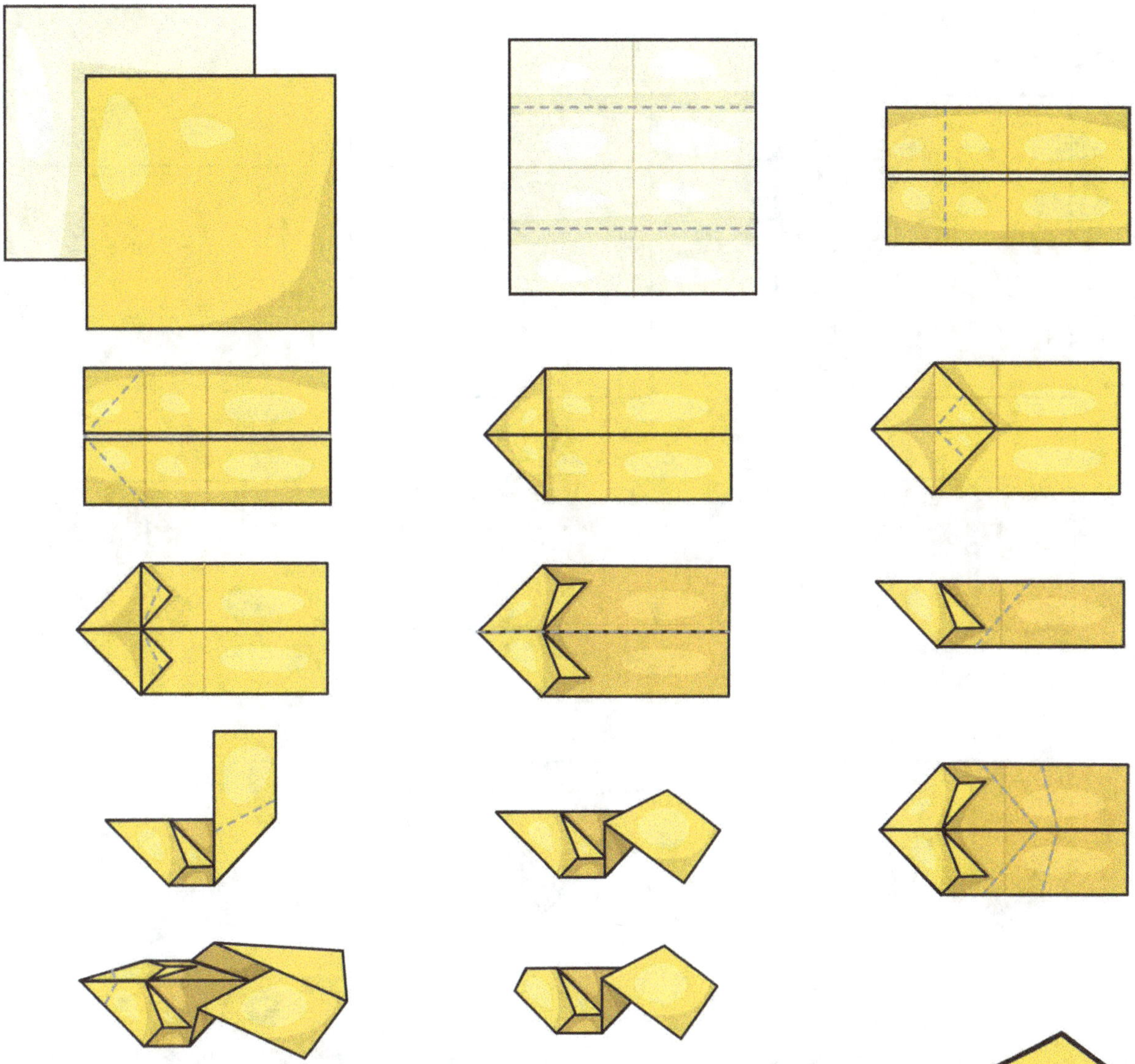

Goldfish

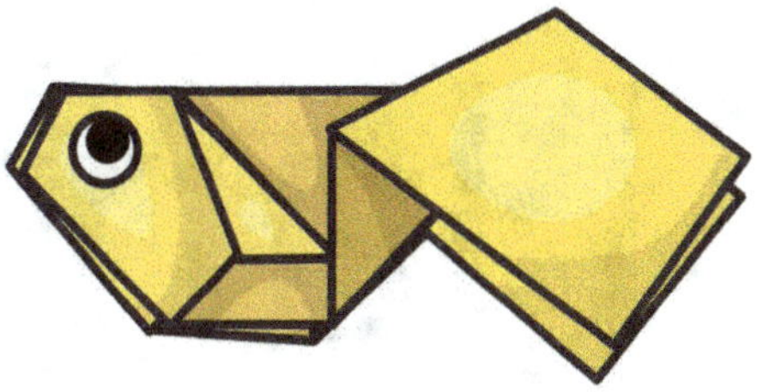

Hámster

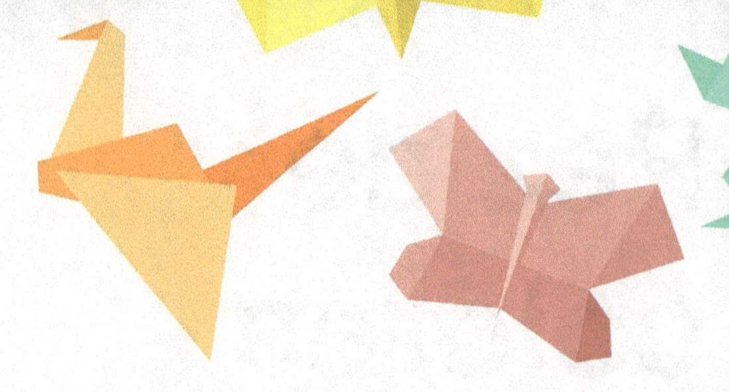

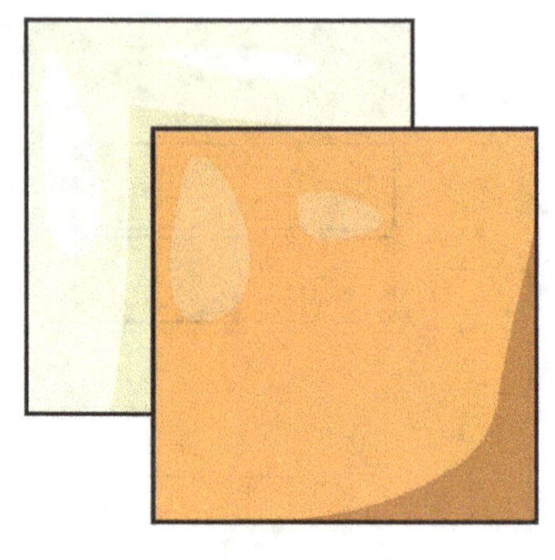

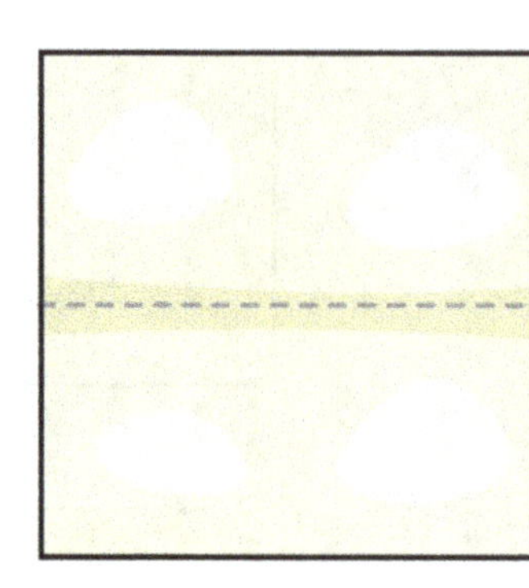

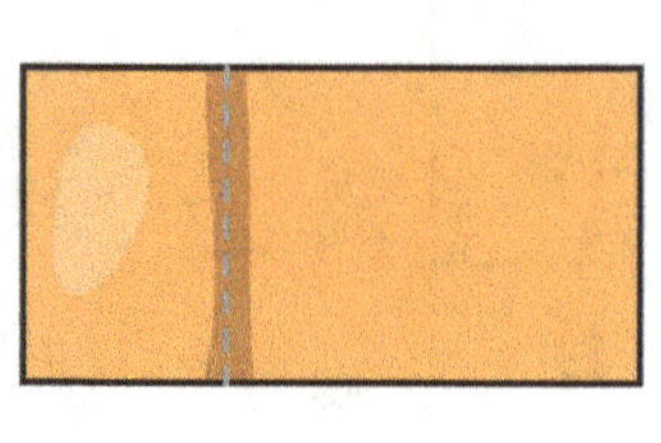

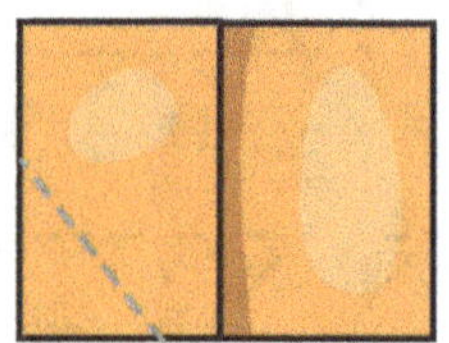

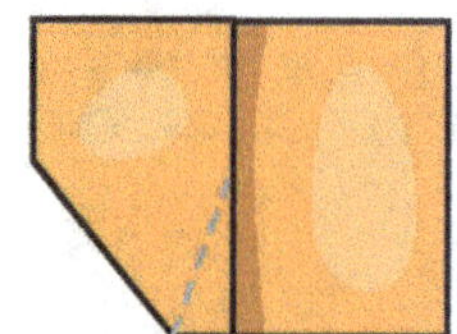

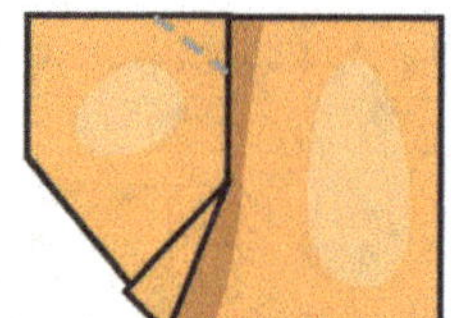

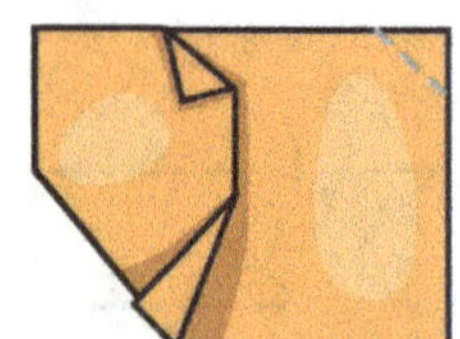

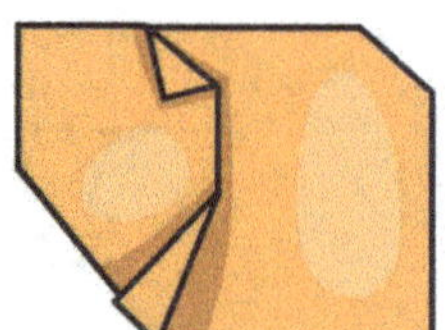

Hamster

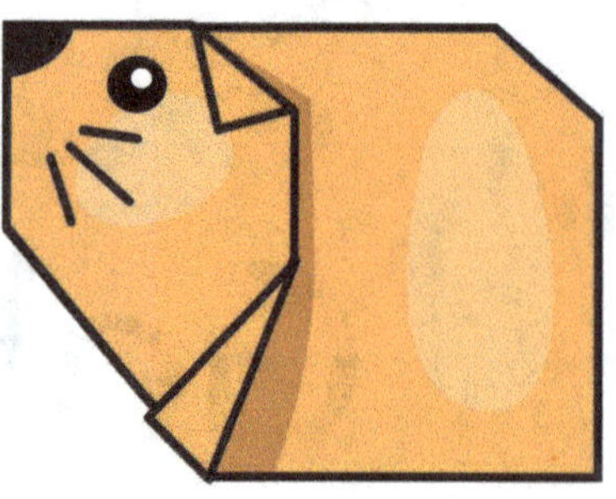

Chacal

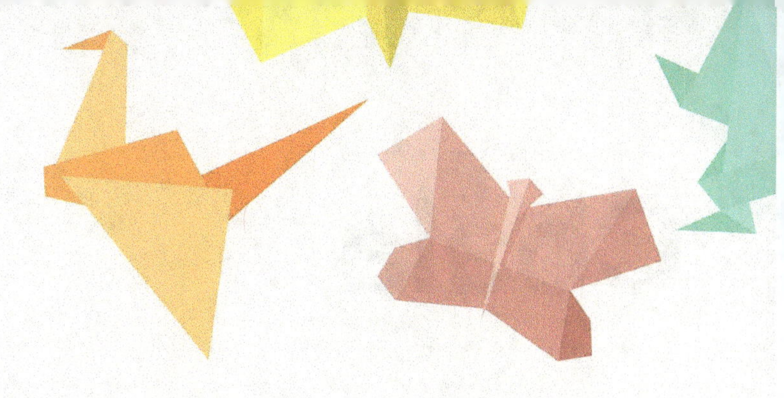

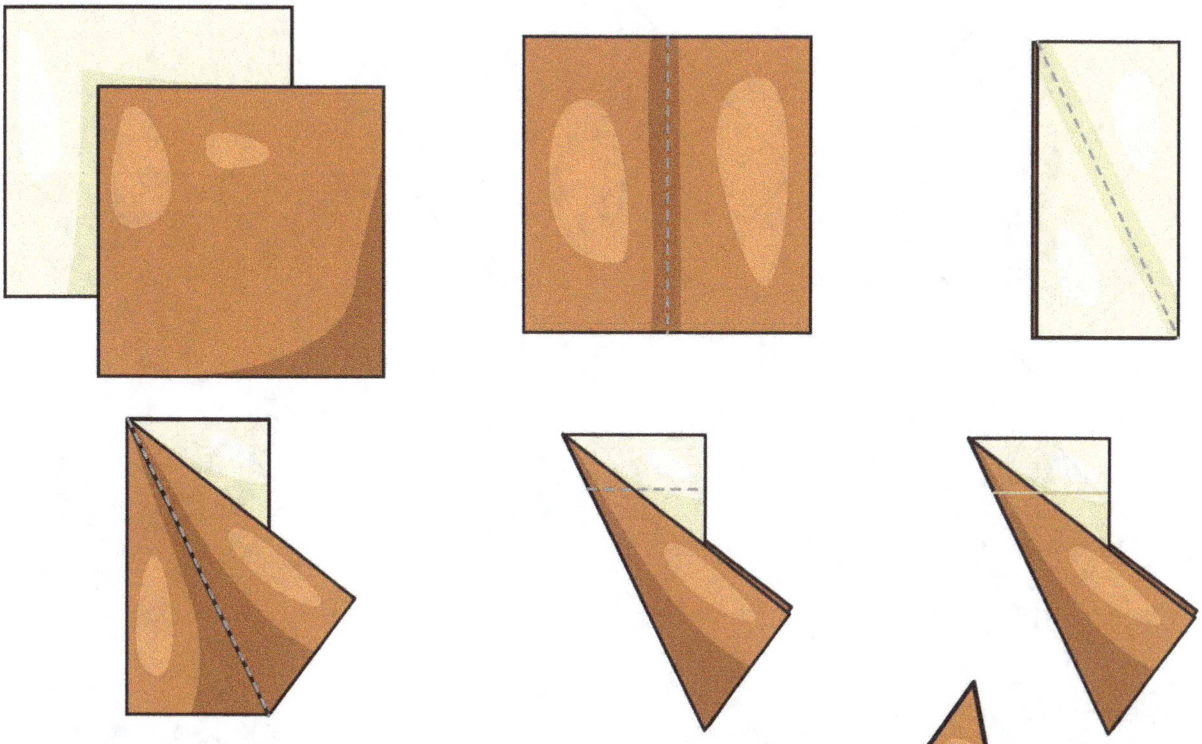

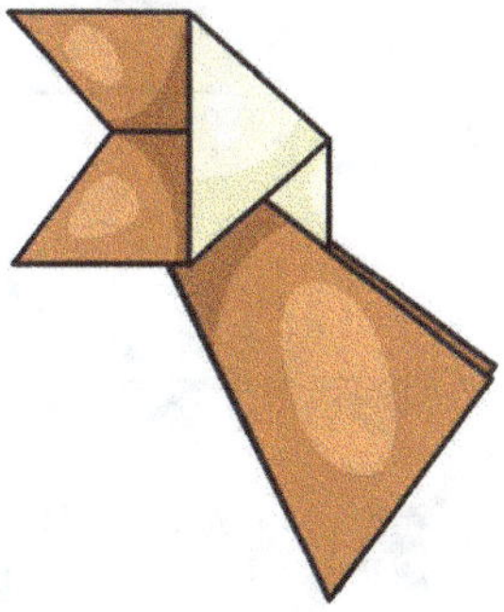

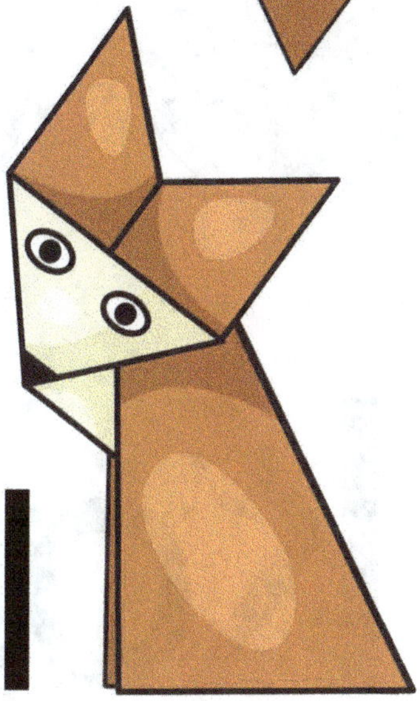

Jackal

Coala

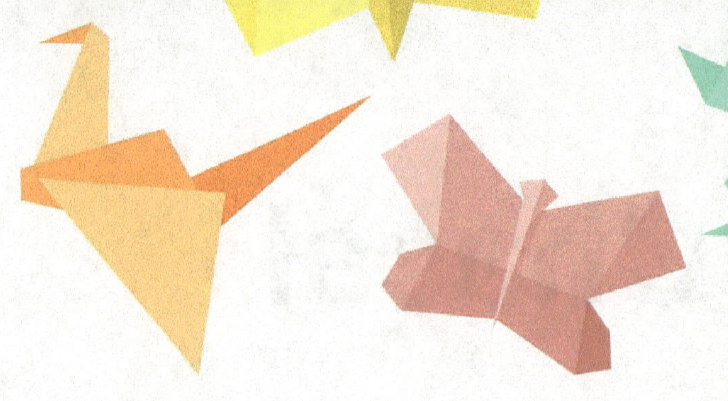

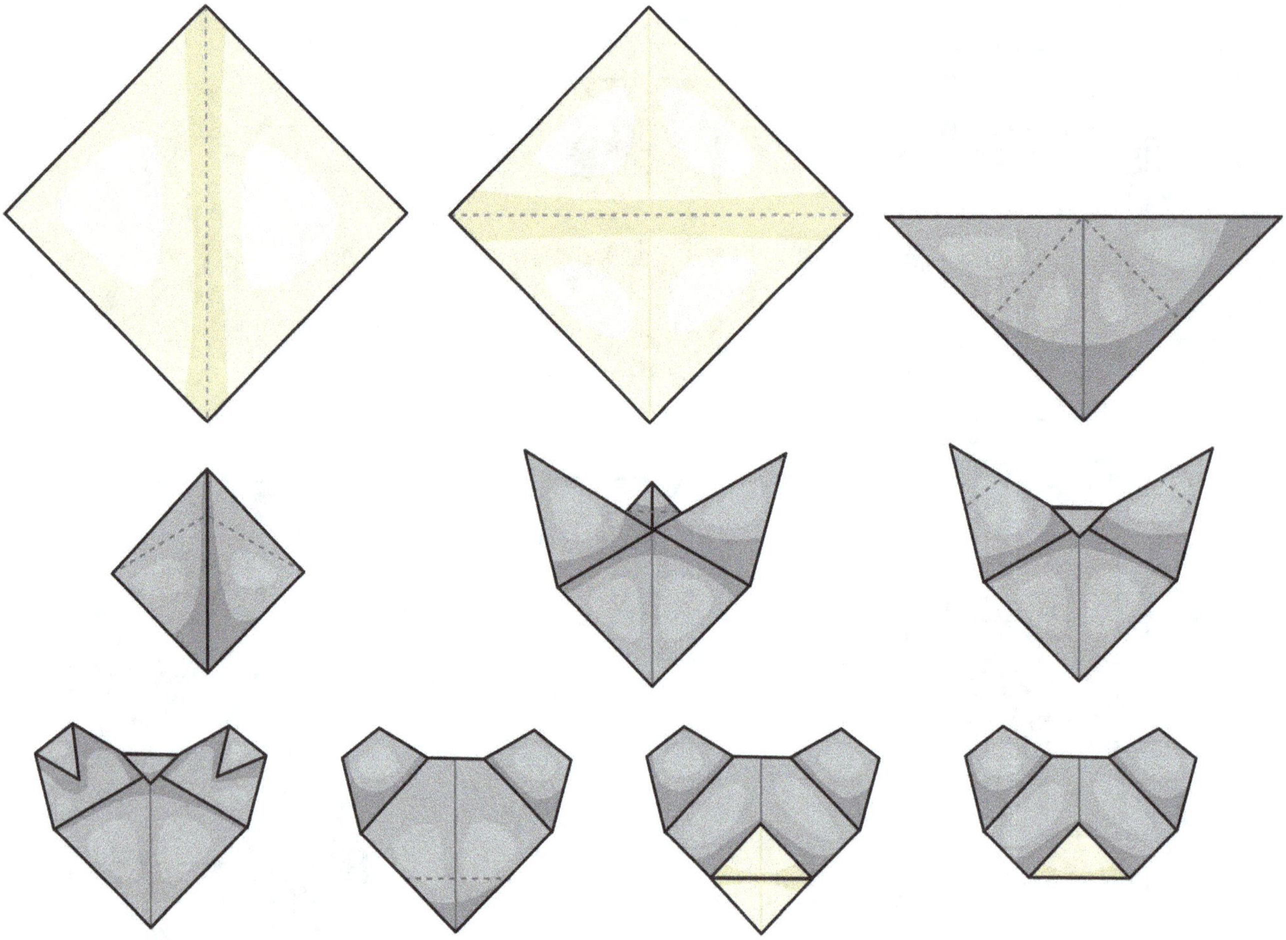

Koala

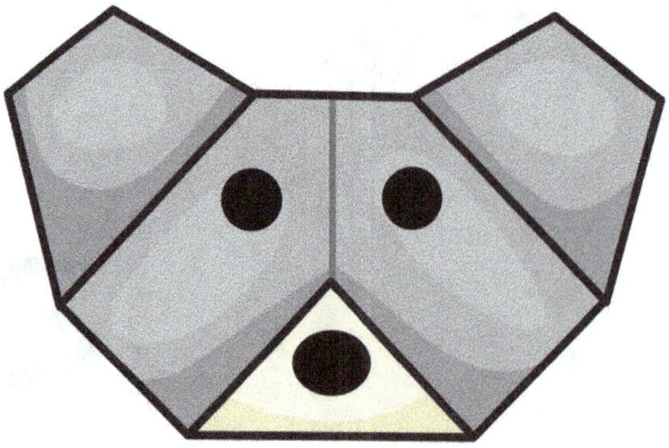

Mariquita

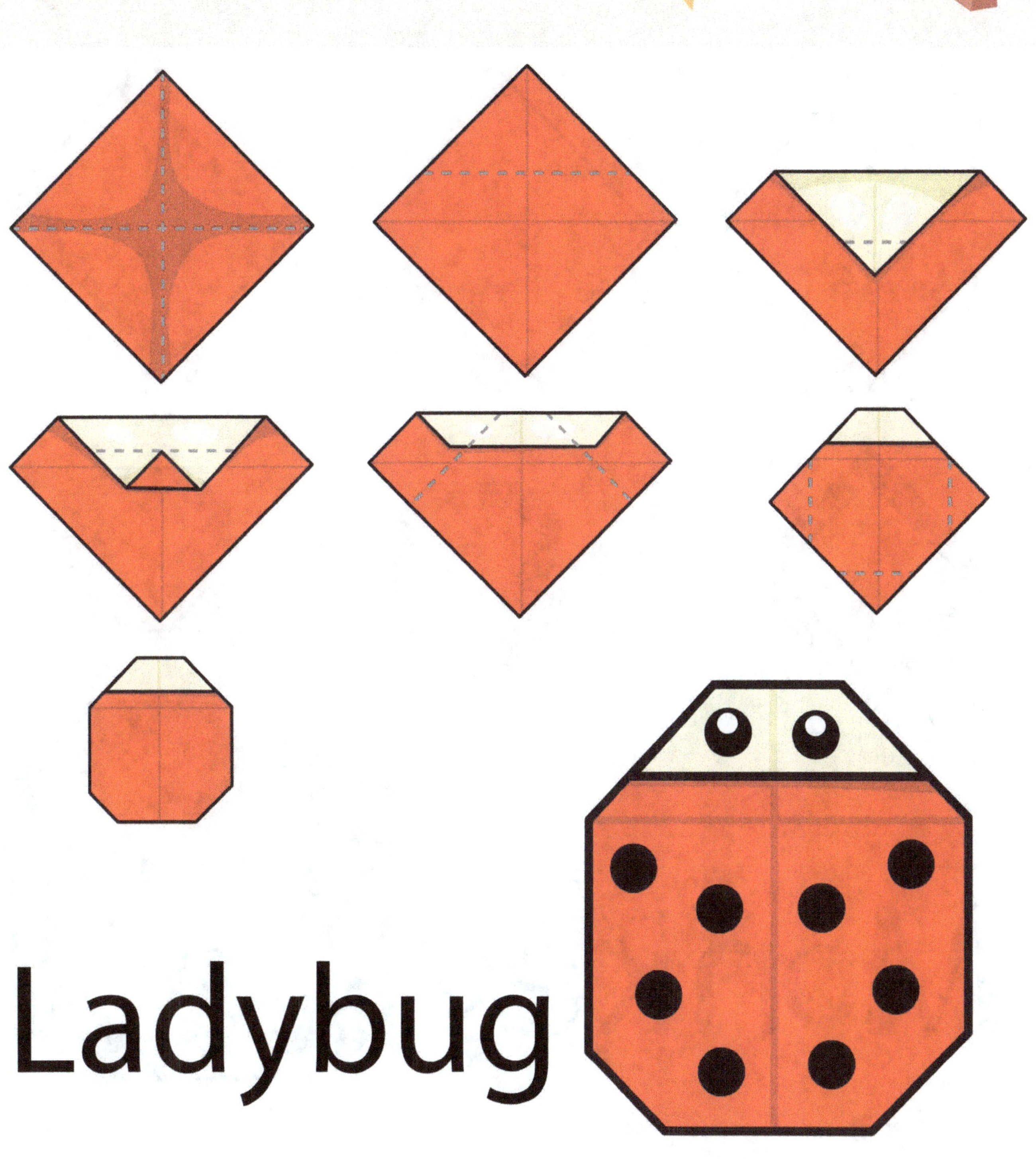

Ladybug

Mono

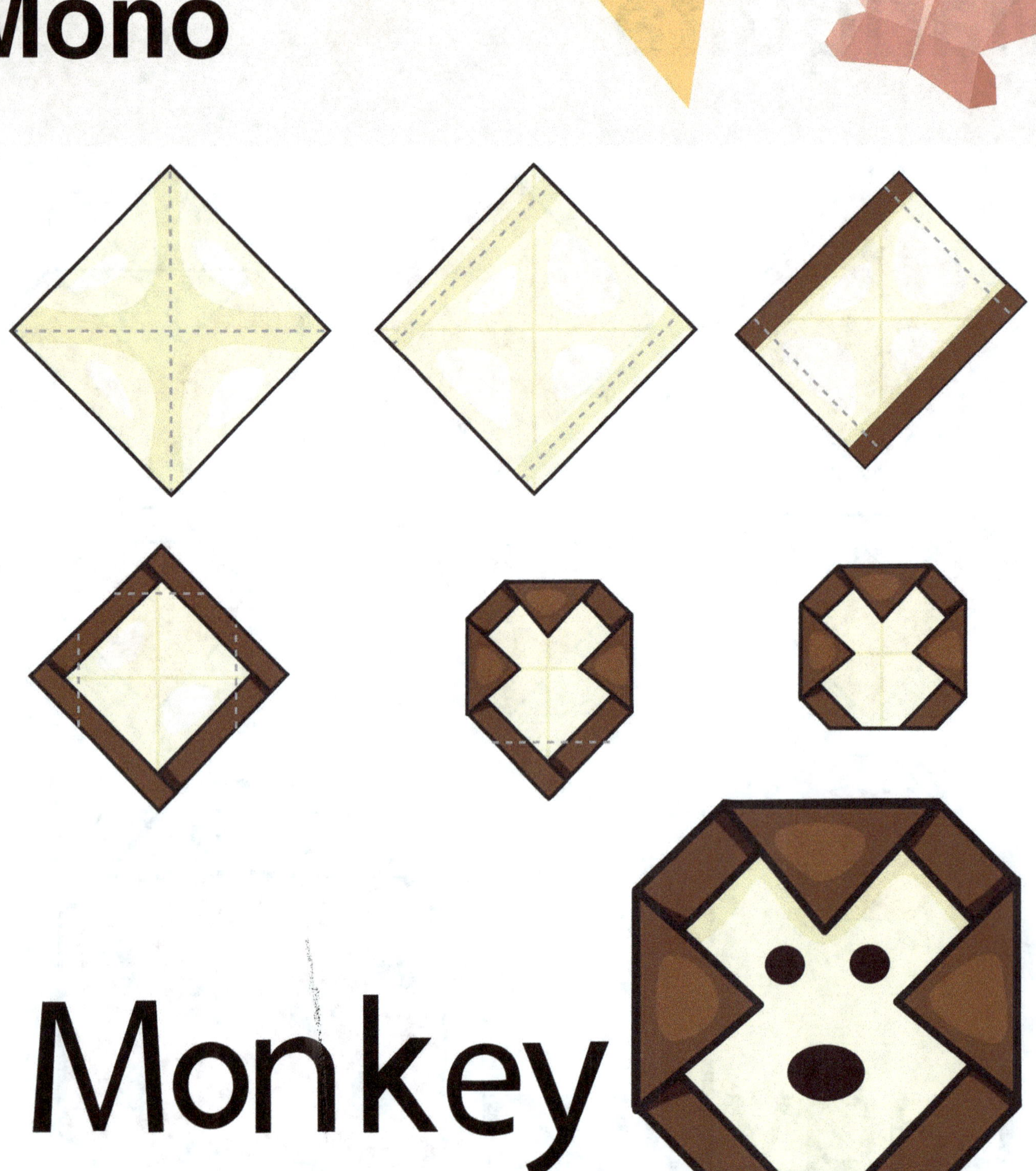

Monkey

Ostritch

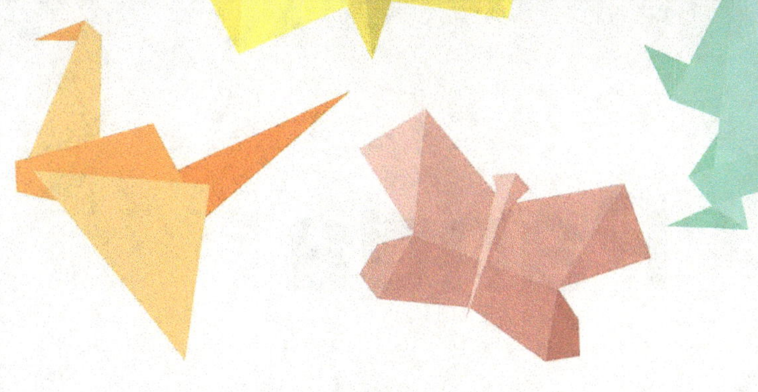

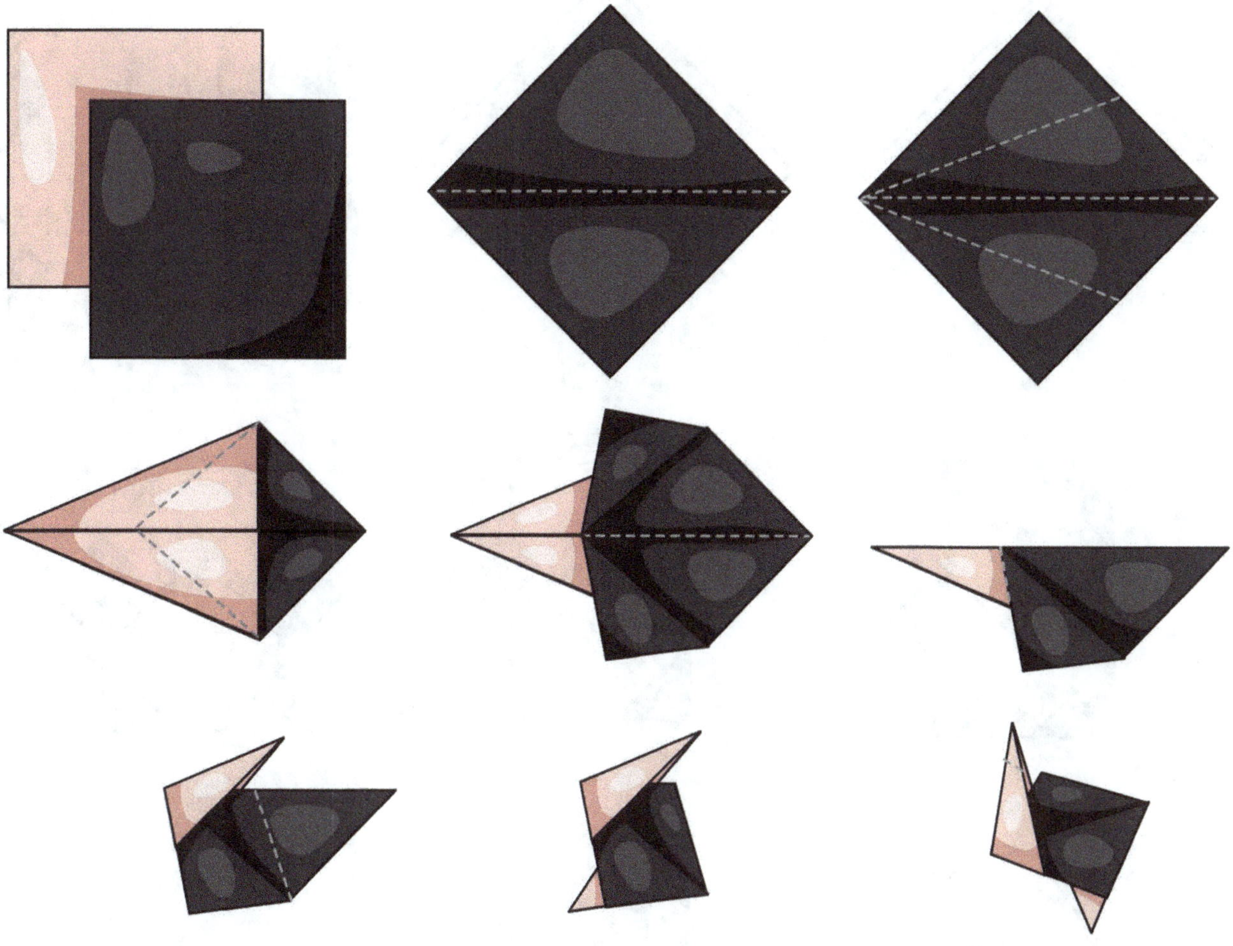

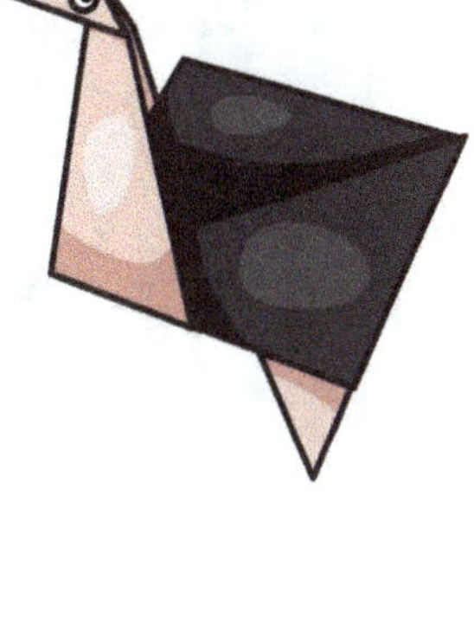

Ostrich

Panda

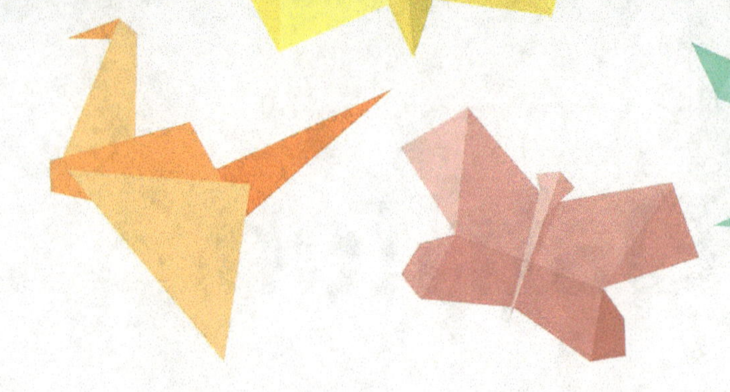

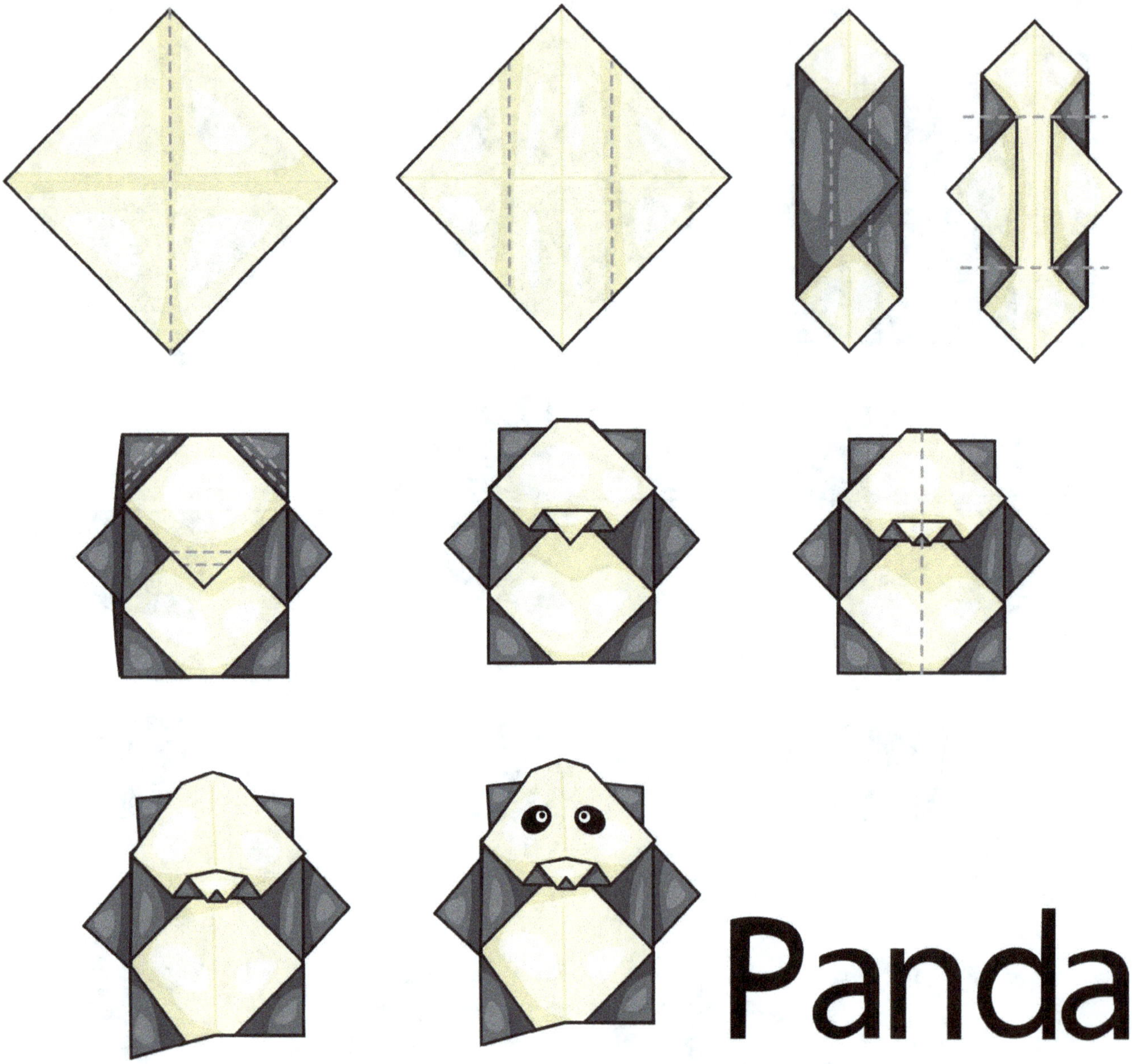

Panda

Loro

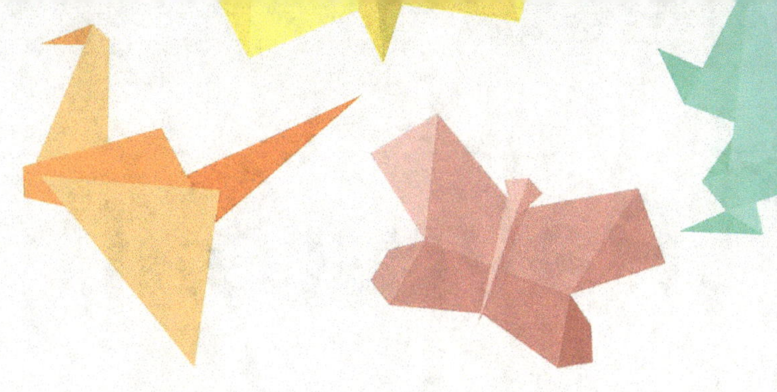

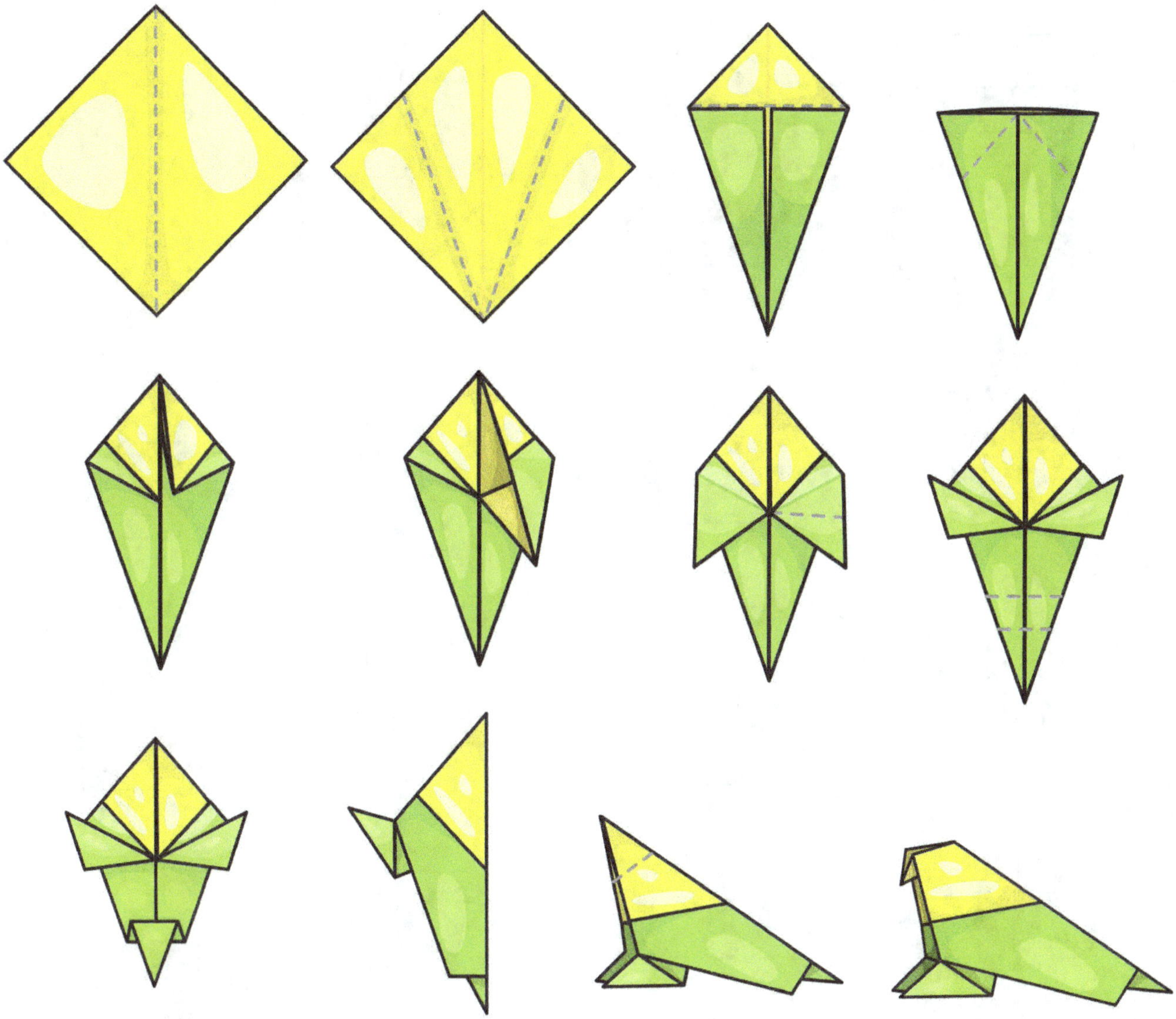

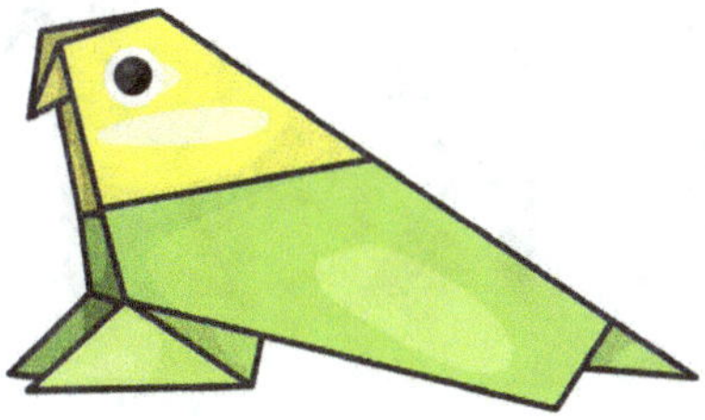

Parrot

Pavo real

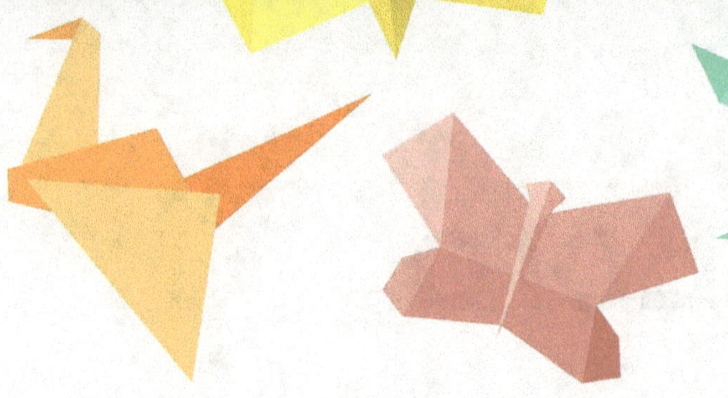

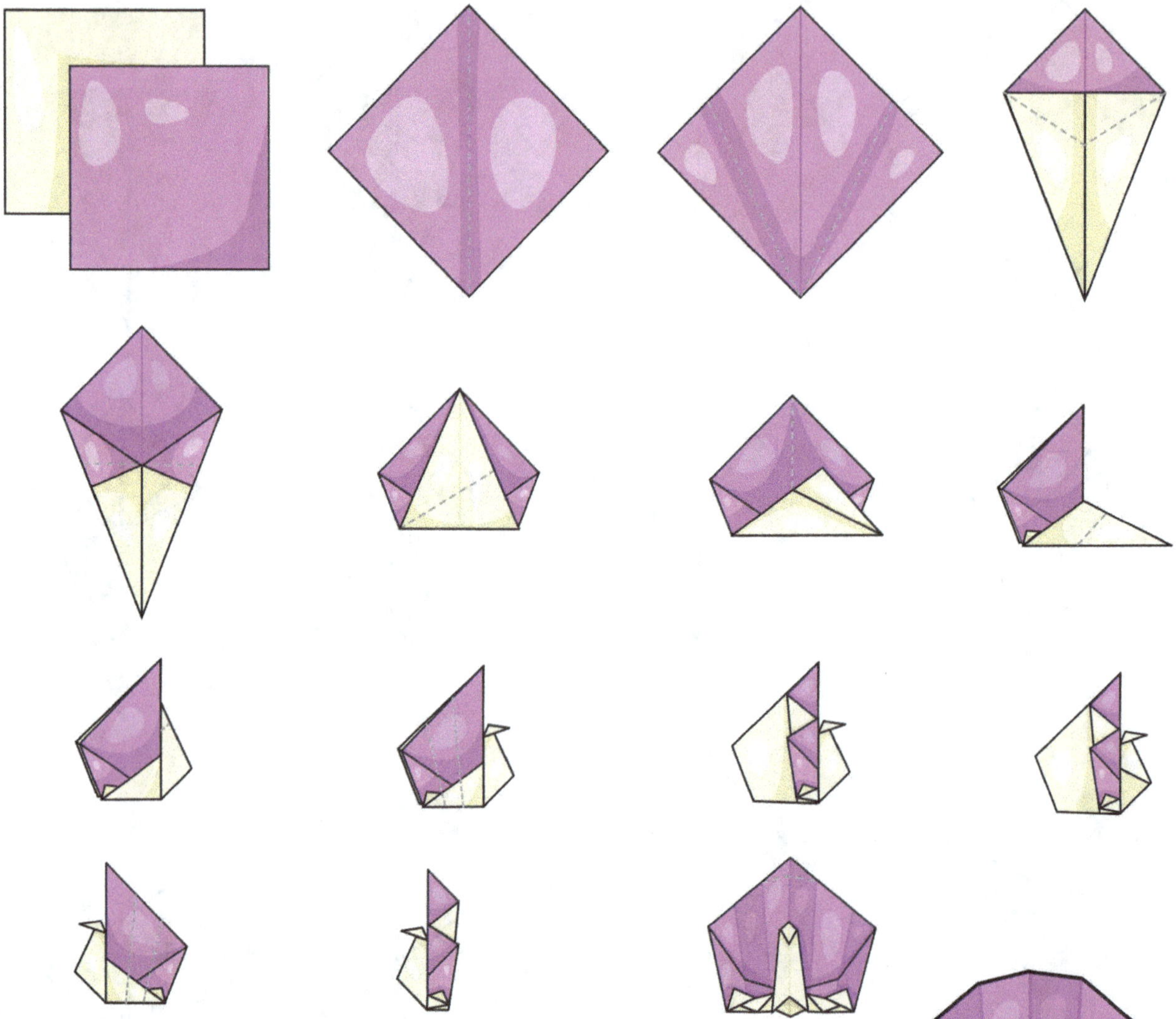

Peacock

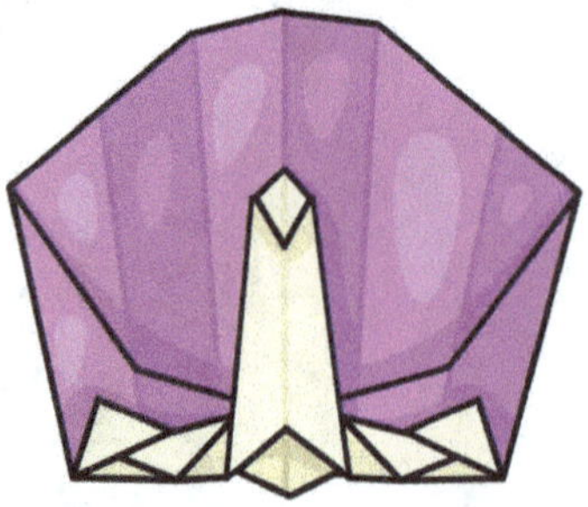

Pelìcano

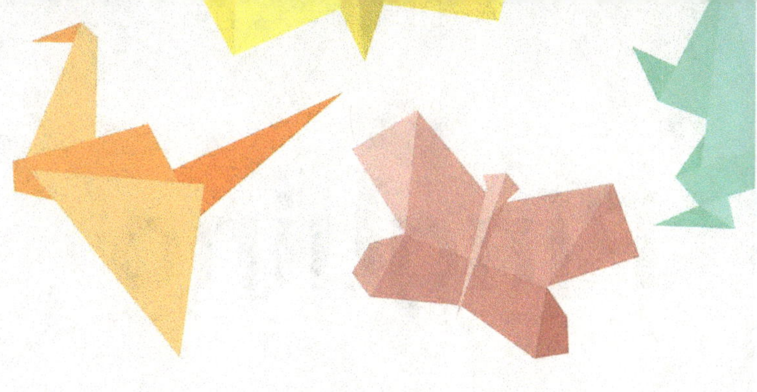

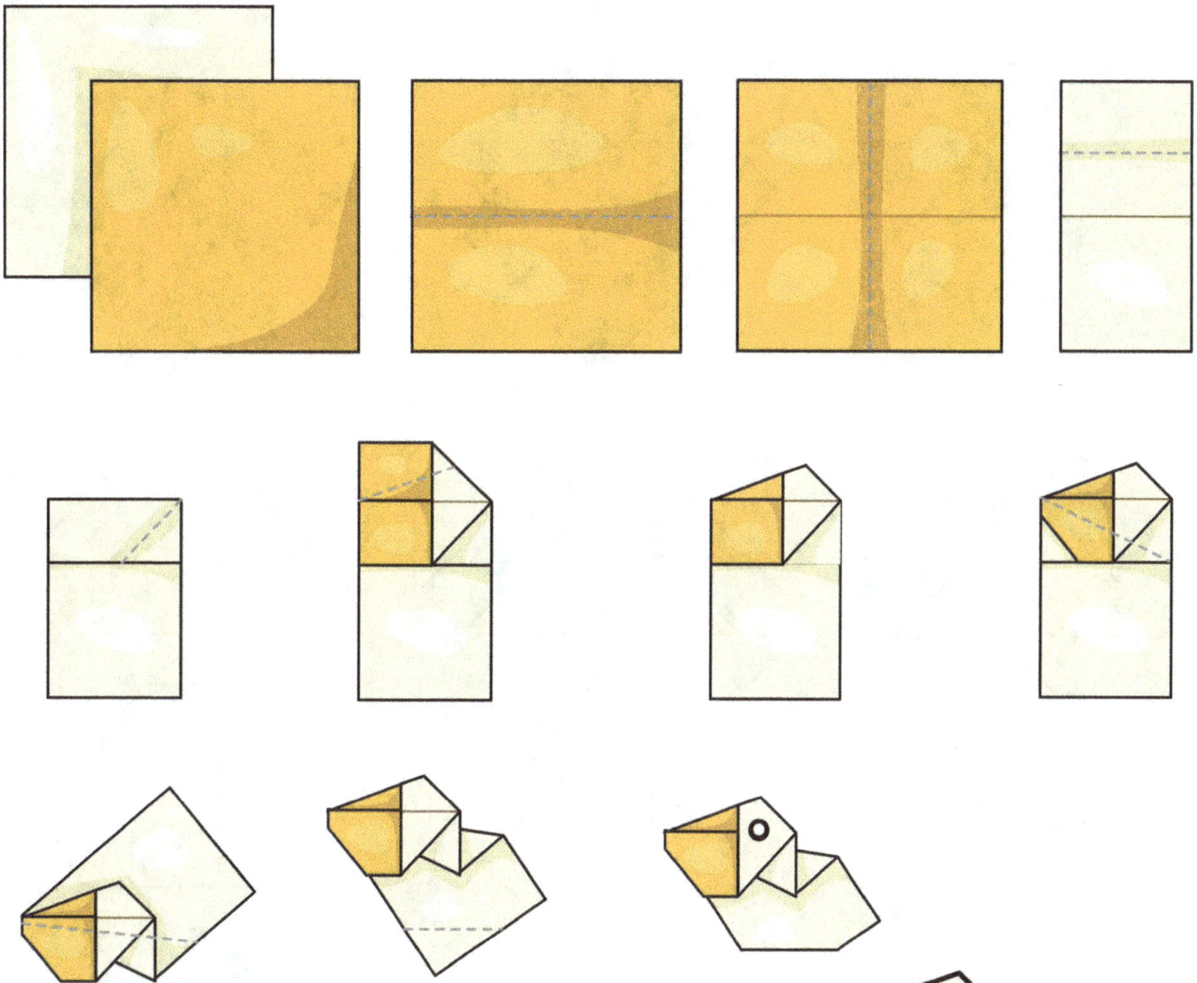

Pelican

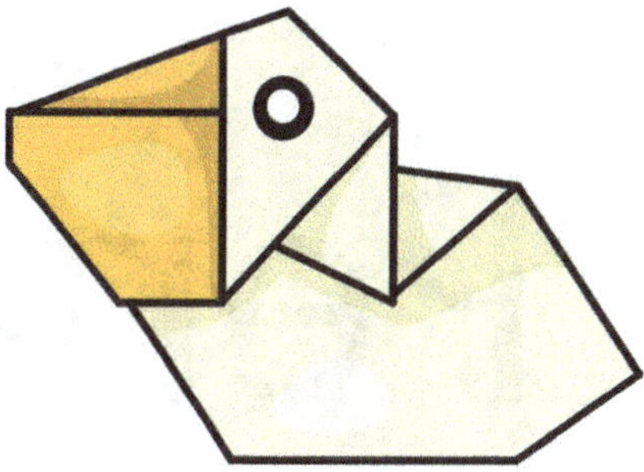

Pinguino

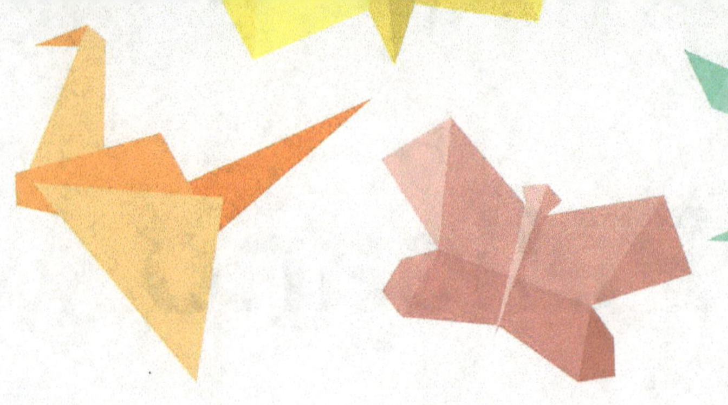

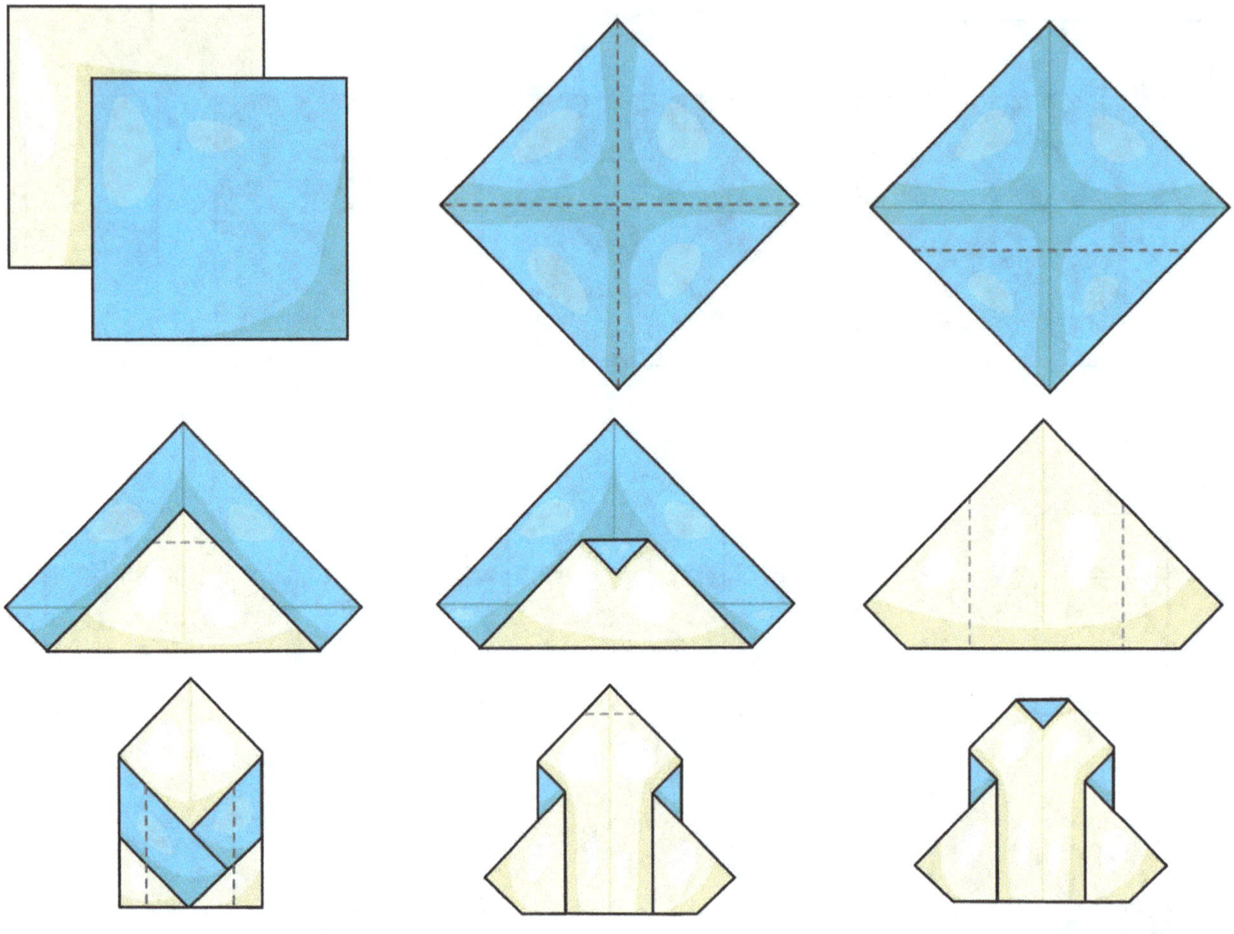

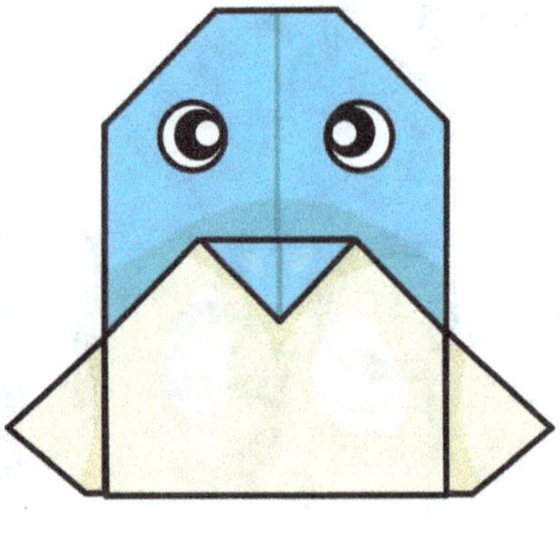

Penguin

Pinguino

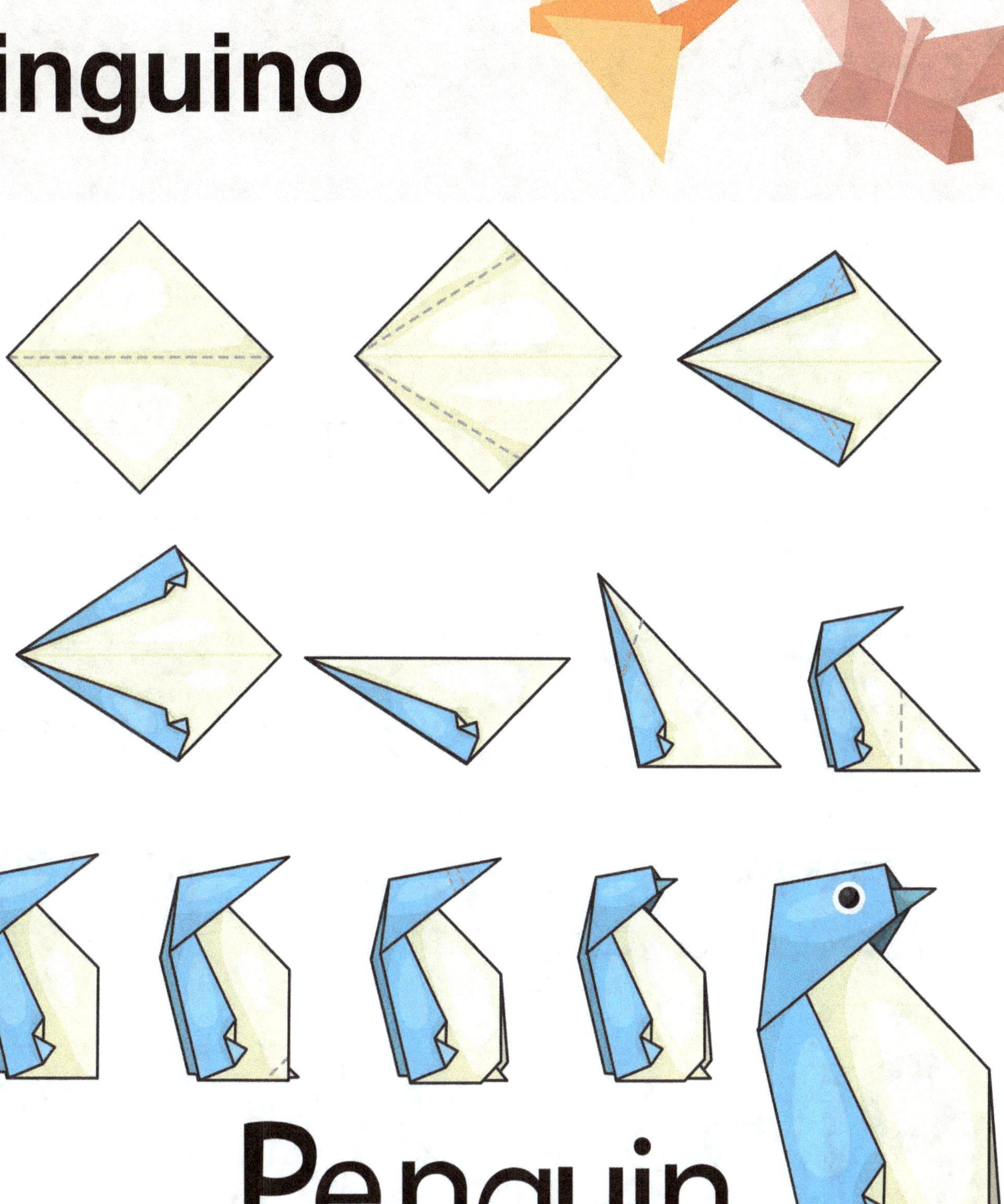

Penguin

Cerdo

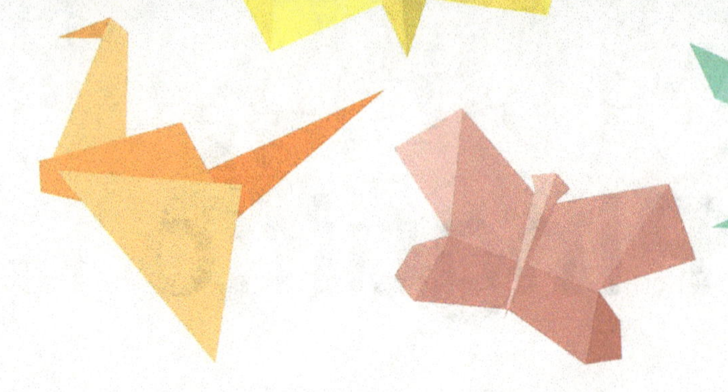

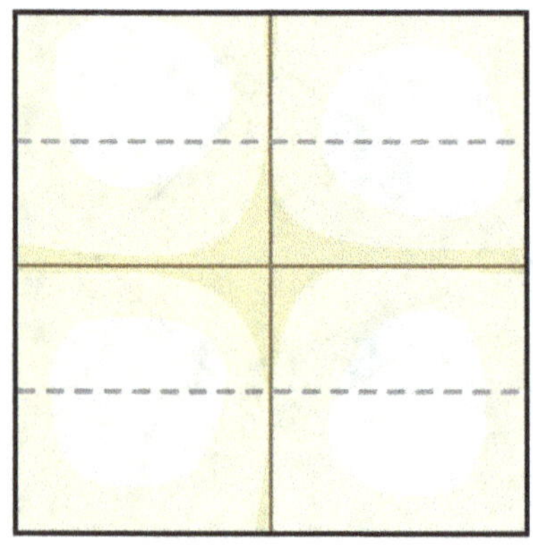

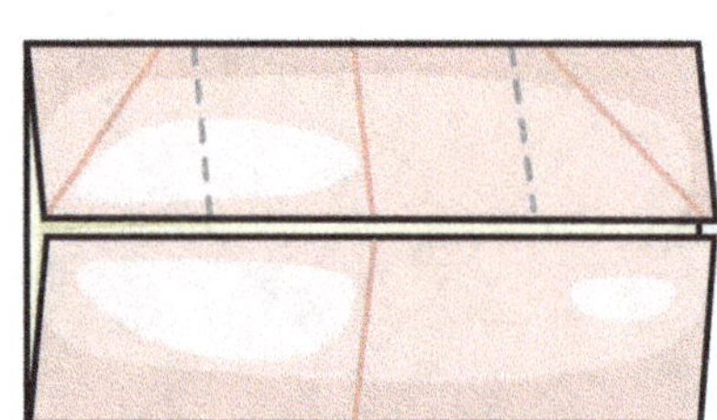

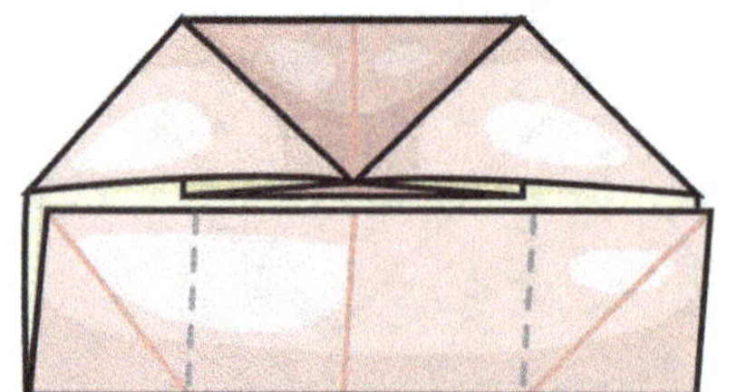

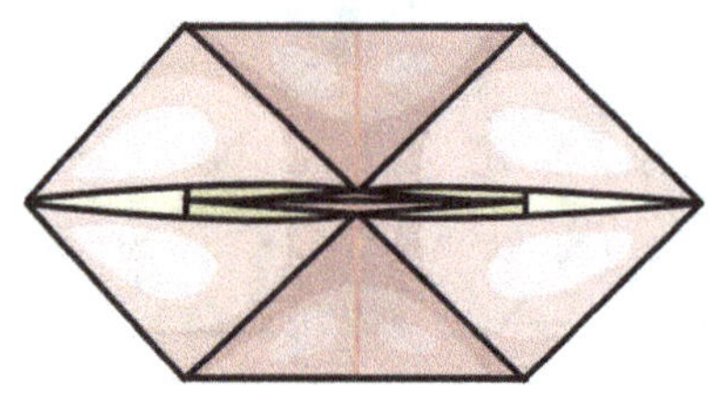

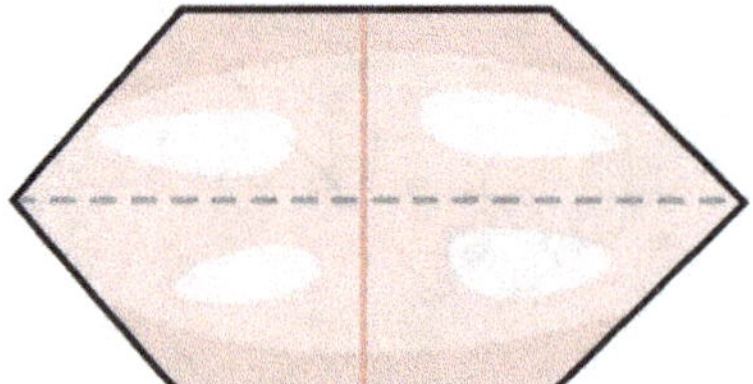

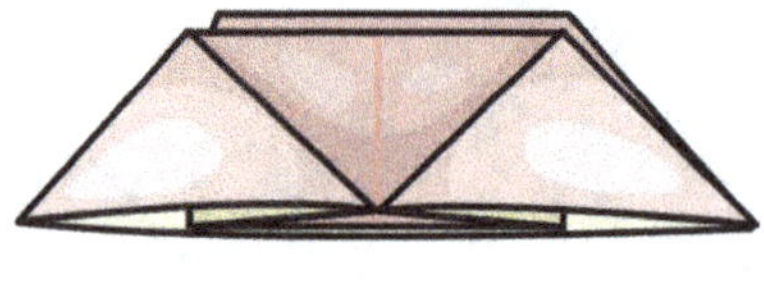

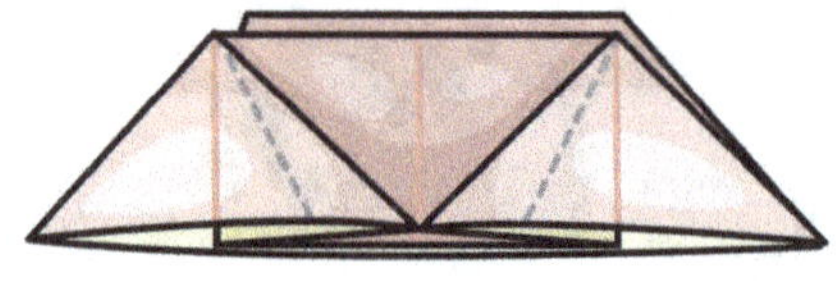

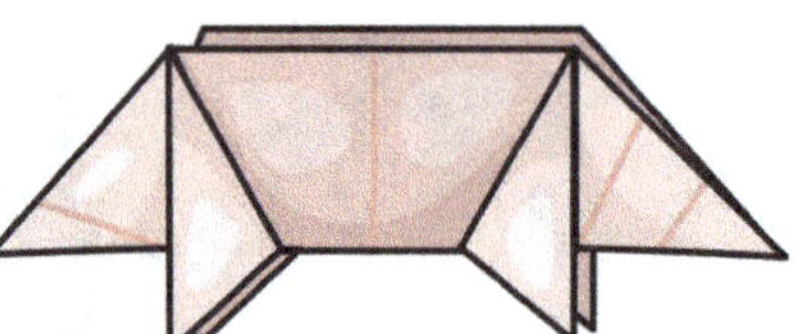

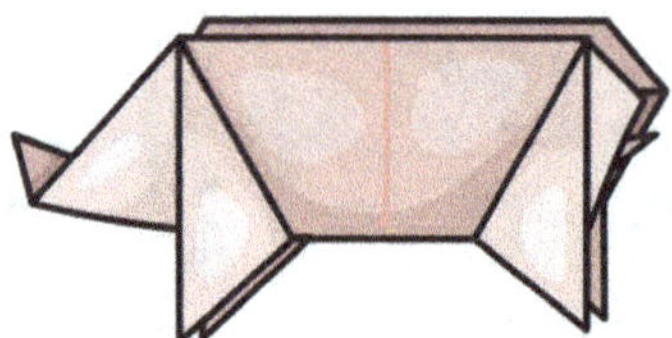

Pig

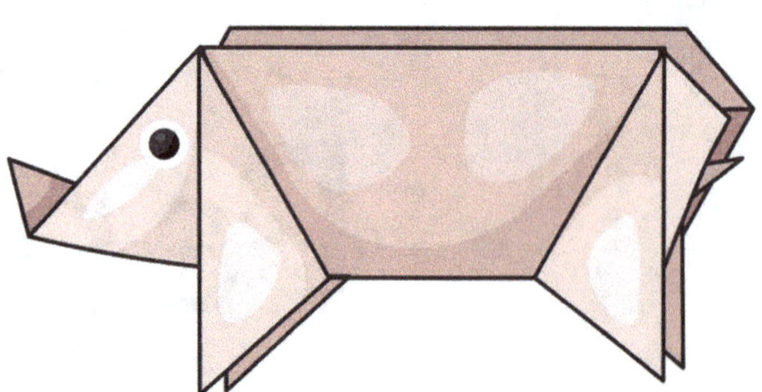

Rinoceronte

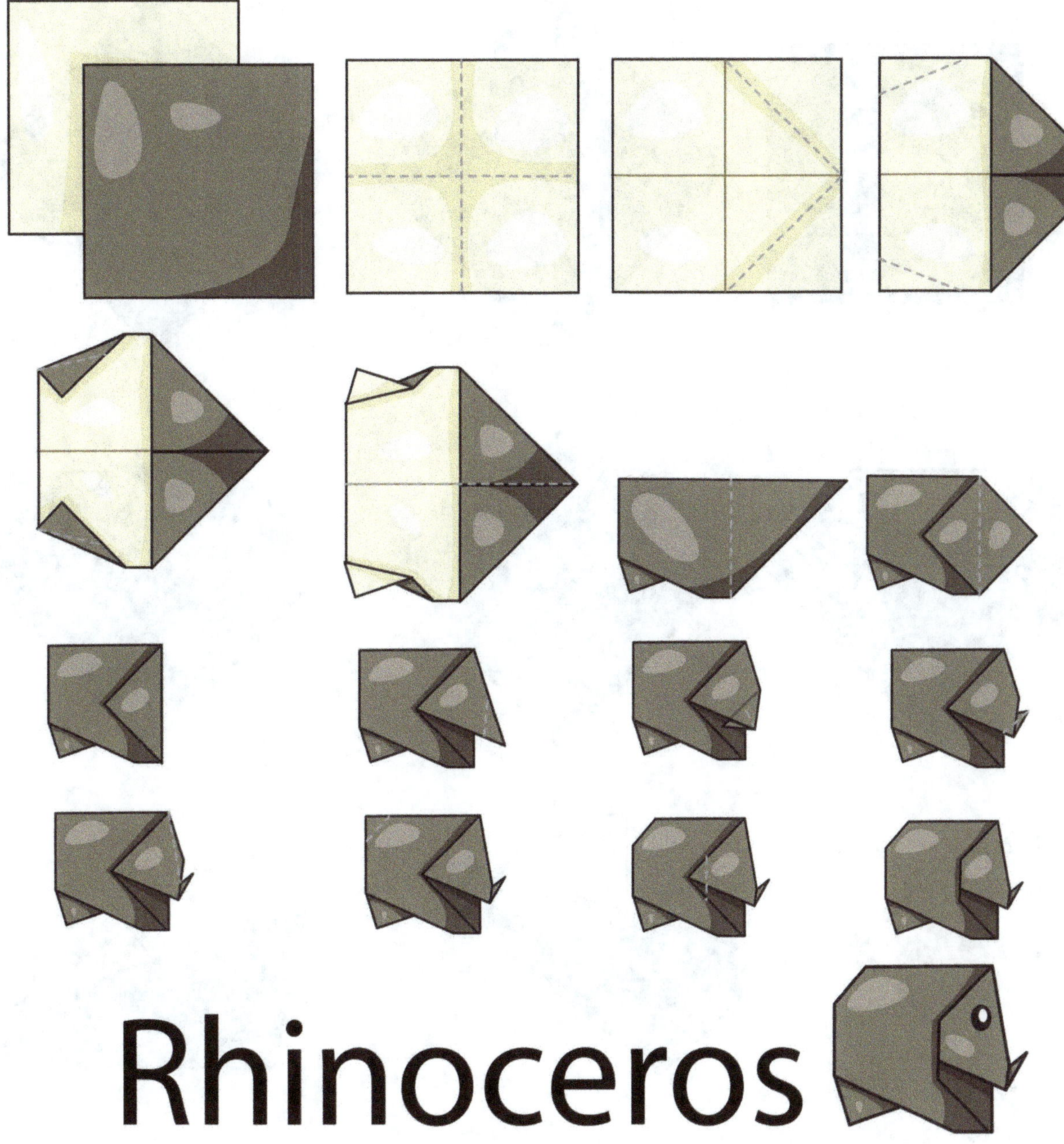

Rhinoceros

Enviar

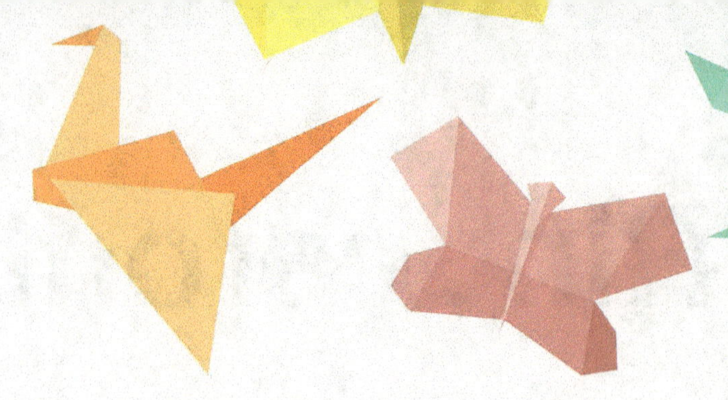

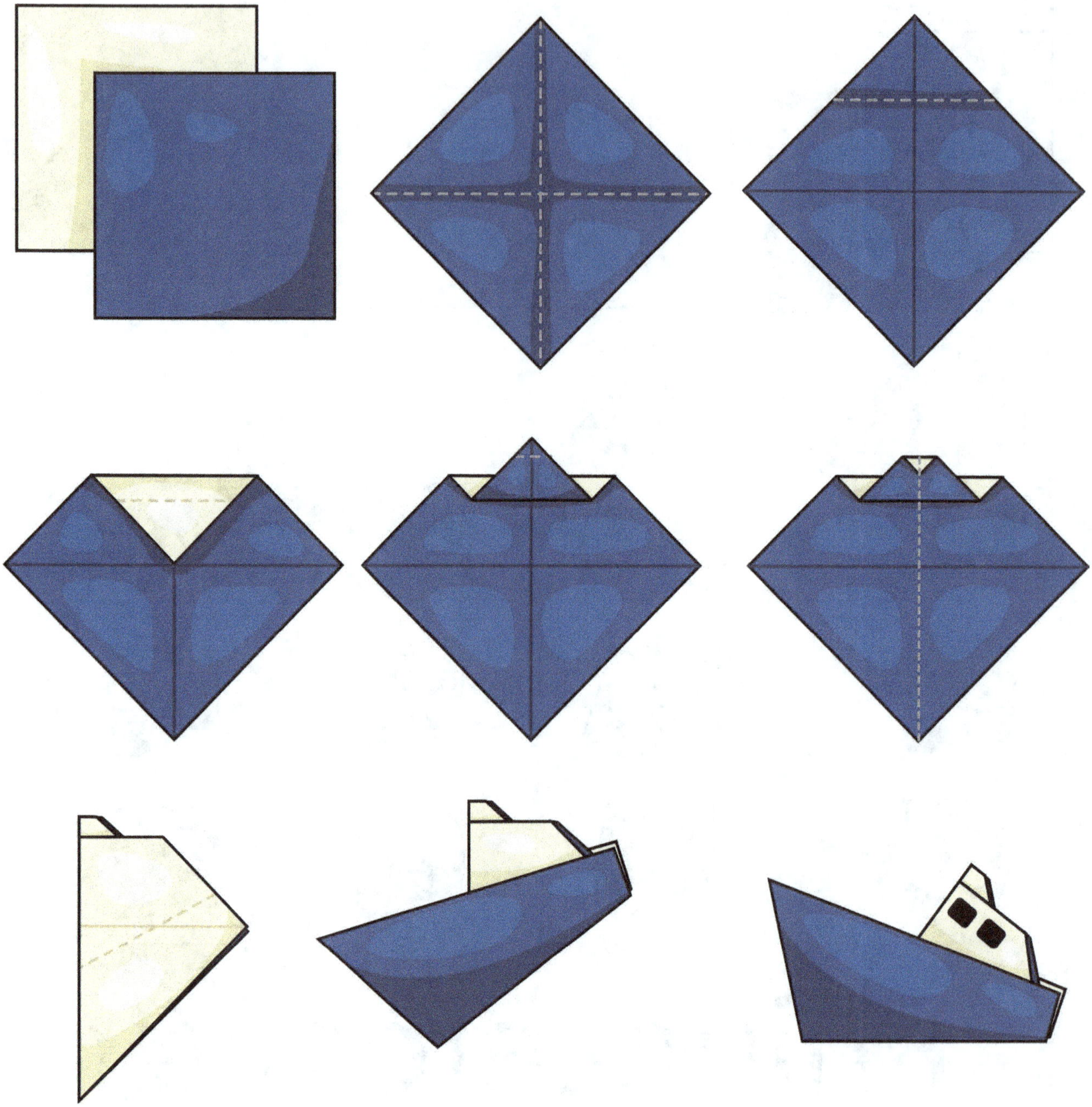

Renacuajo

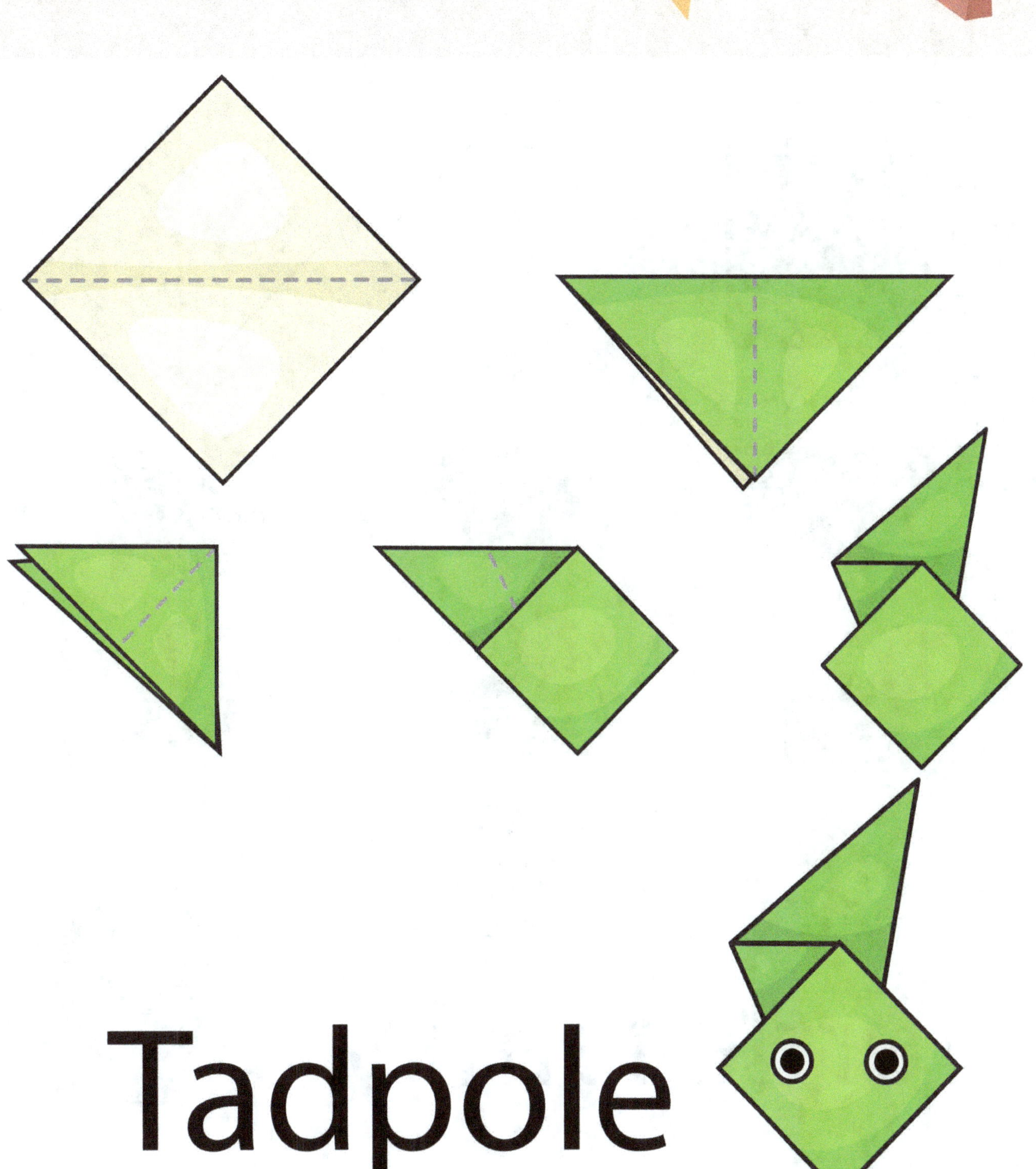

Tadpole

Tortuga

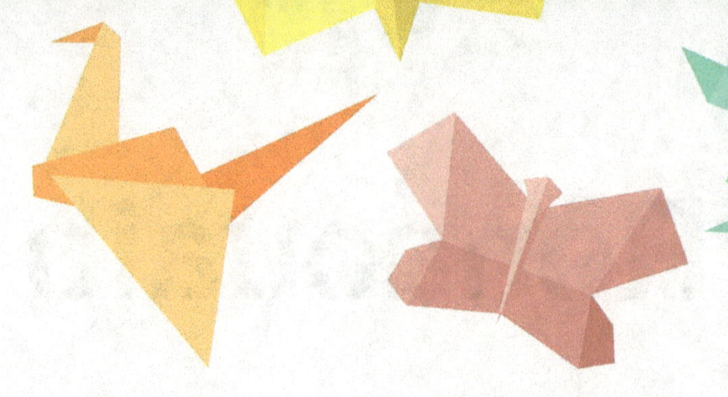

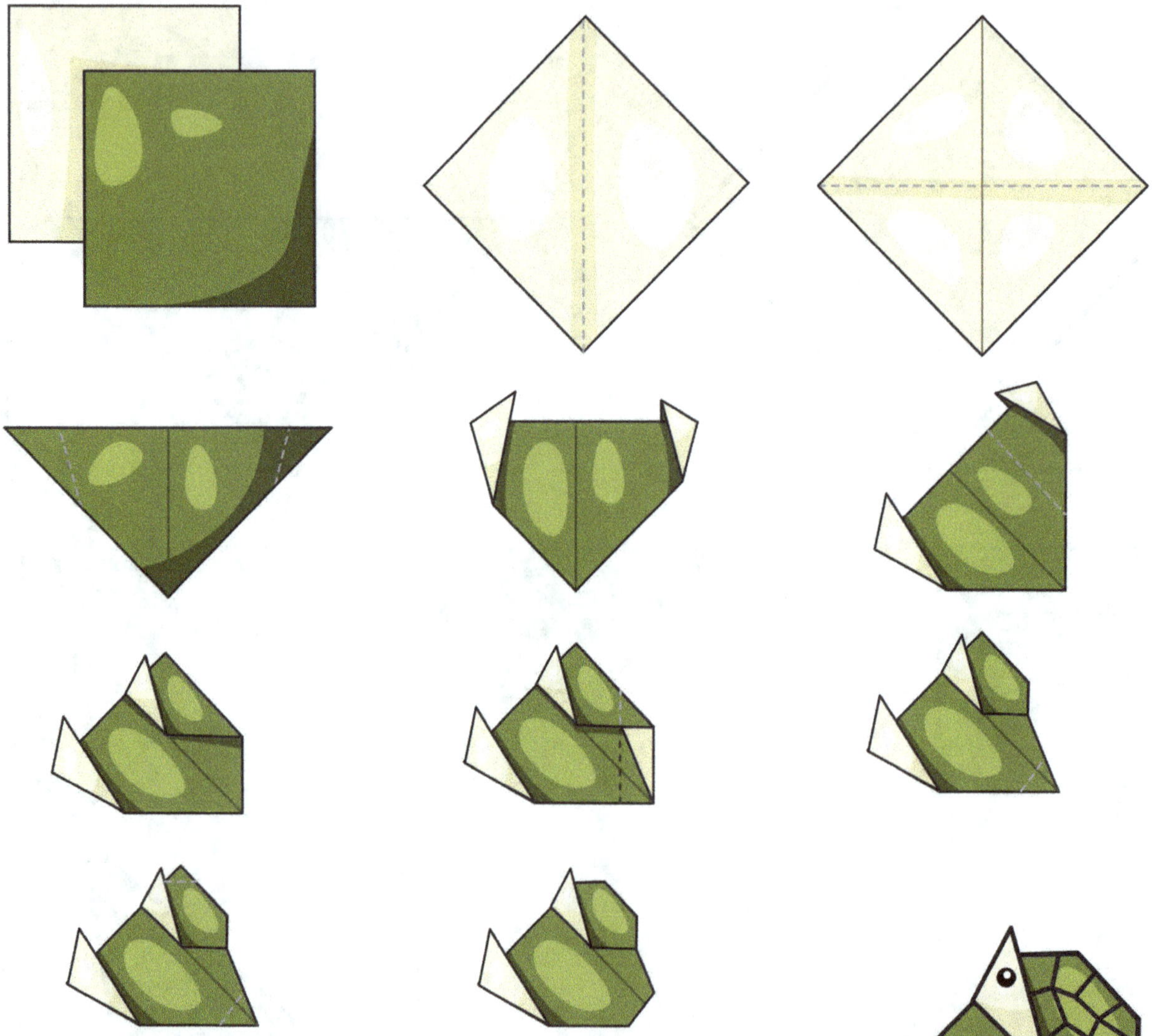

Turtle family

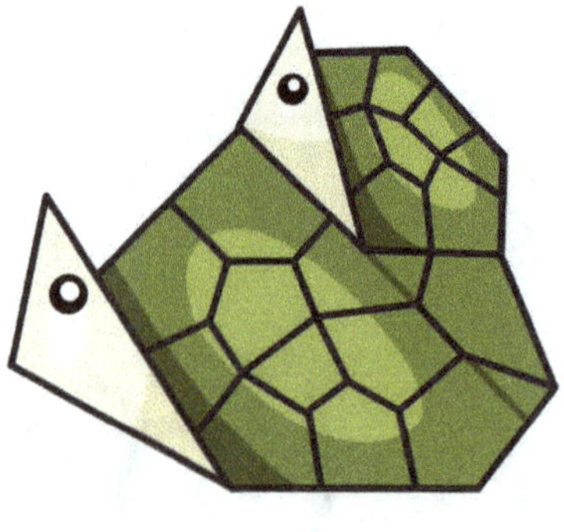

Tiranosaurio

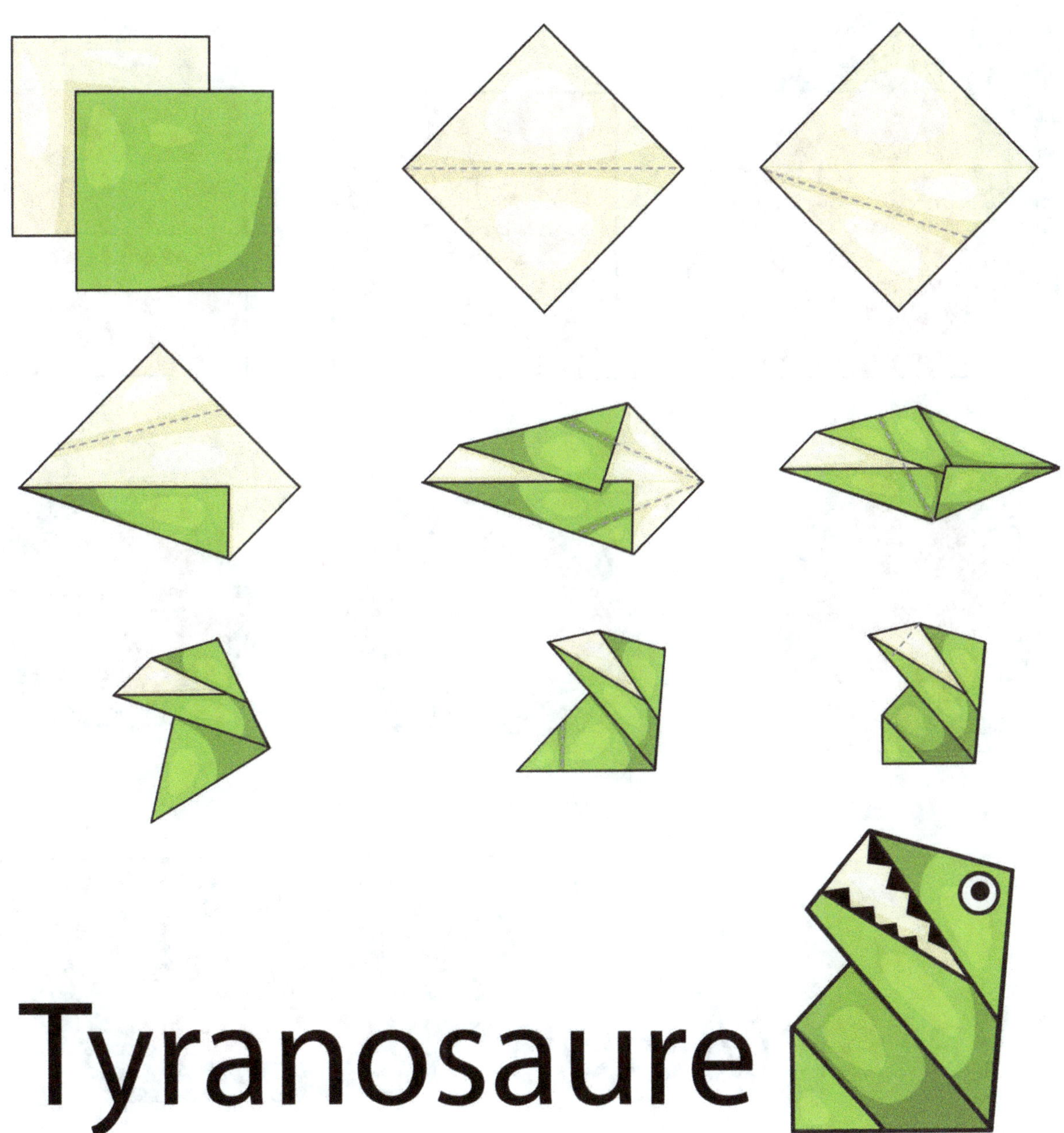

Tyranosaure

Sandìa

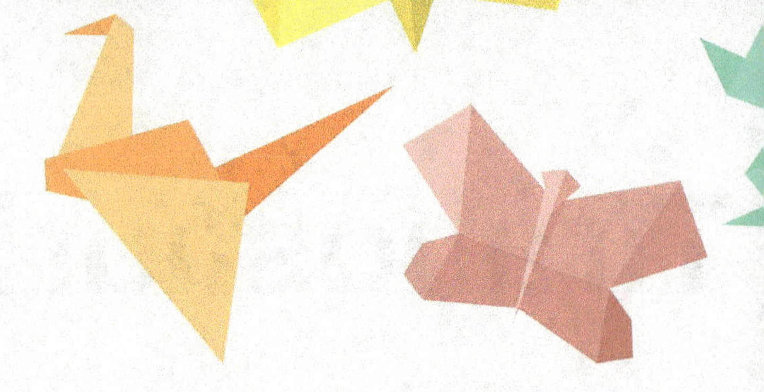

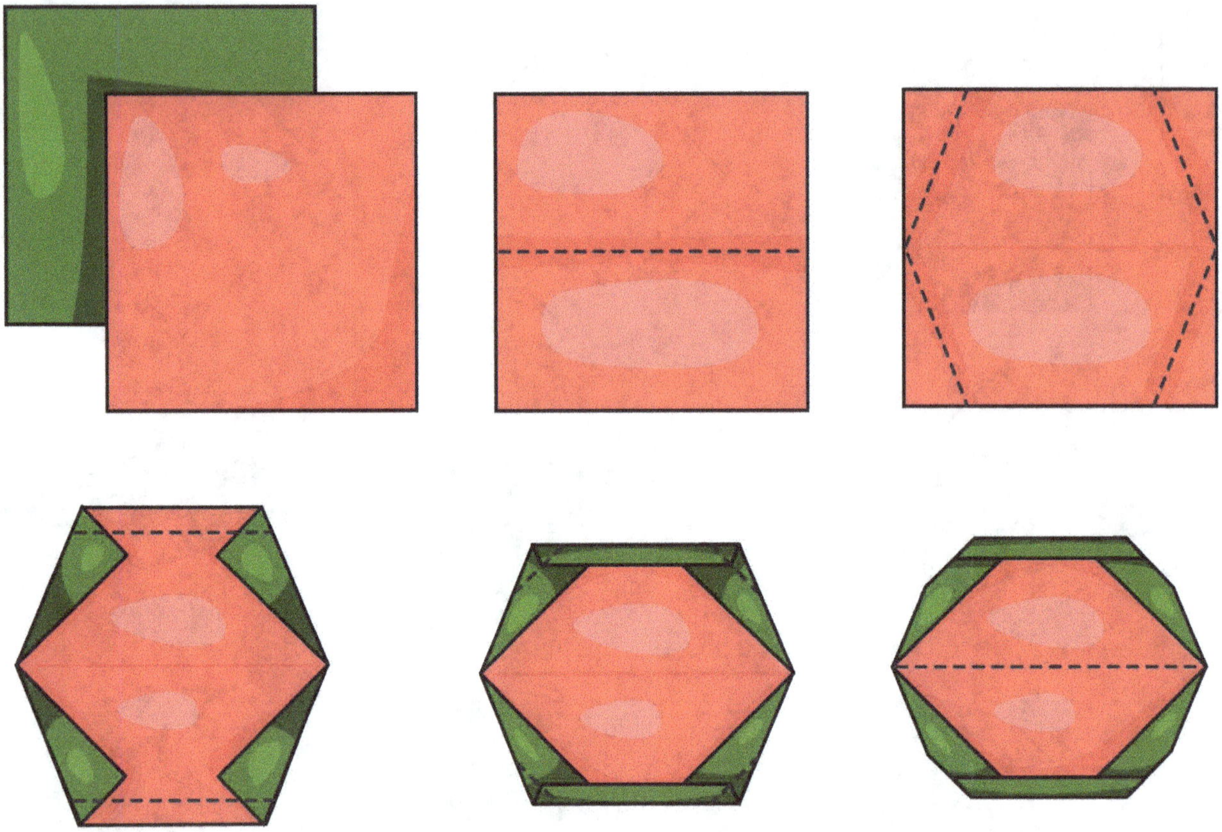

Water Melon

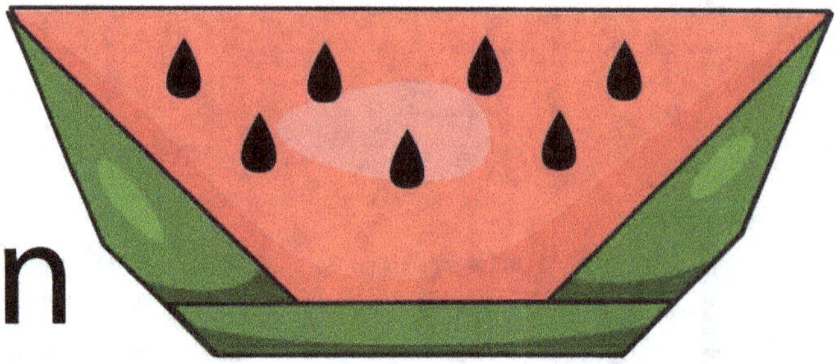

Ballena

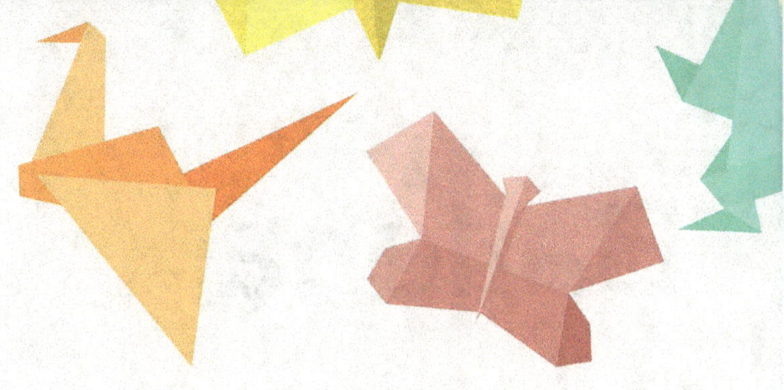

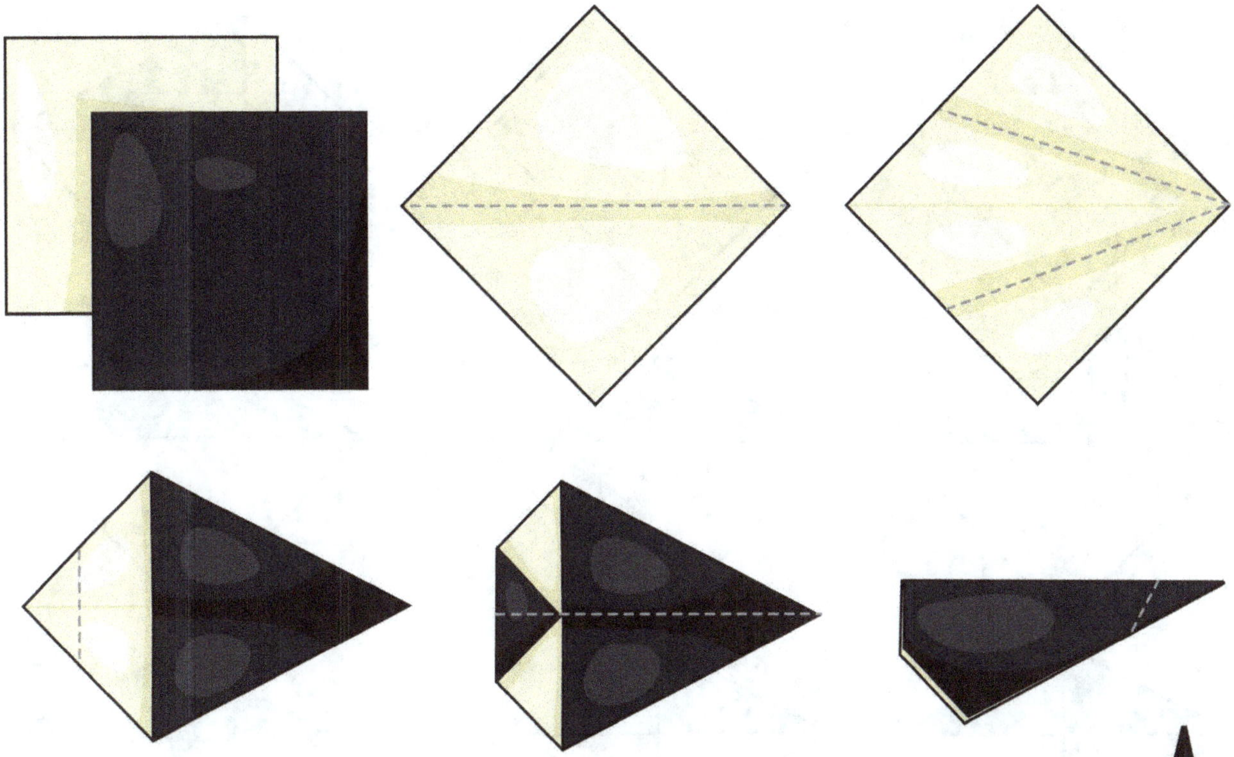

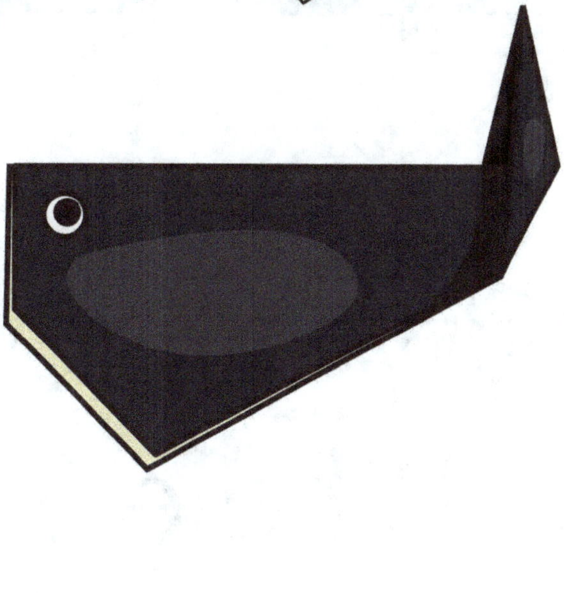

Whale

Ballena

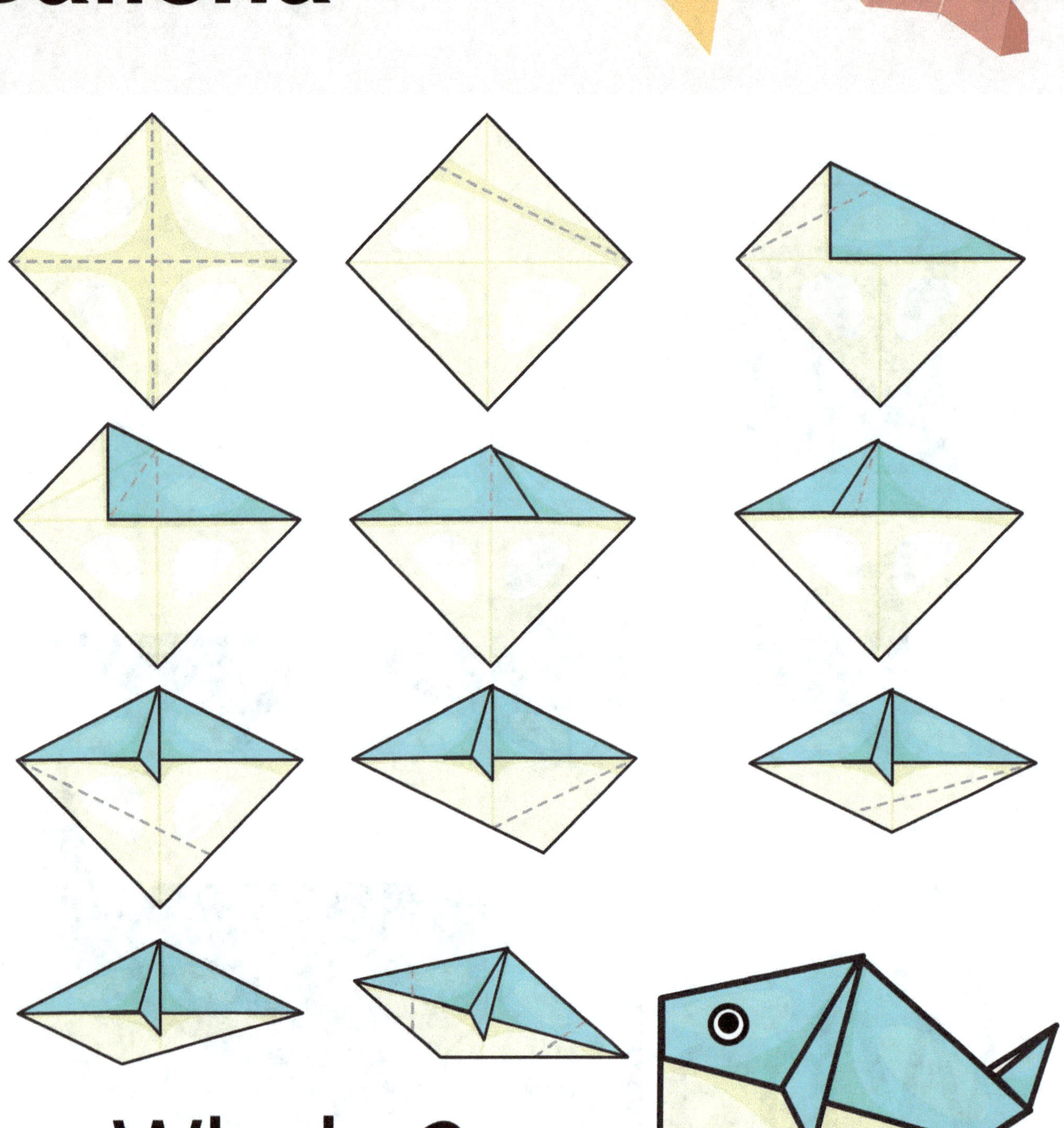

Whale 2

Yate

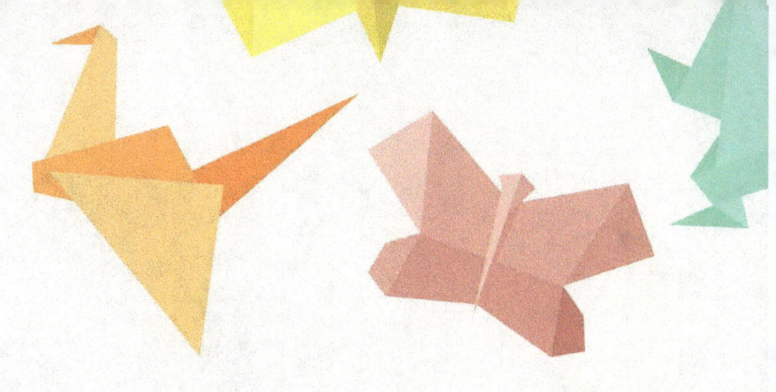

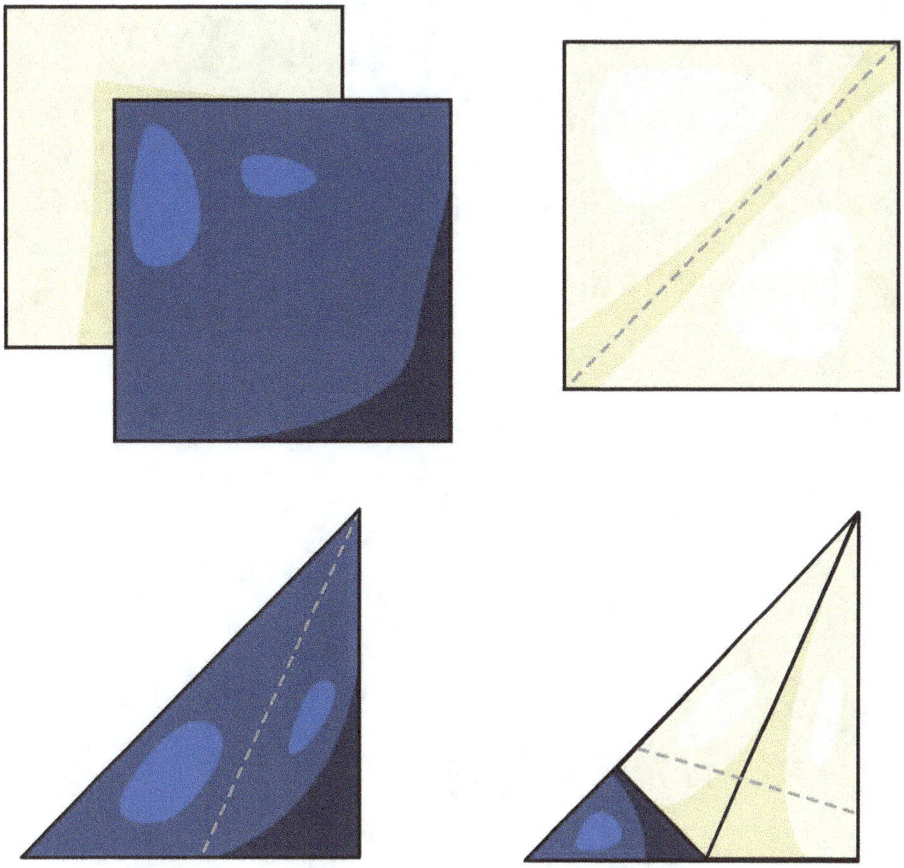

Yacht

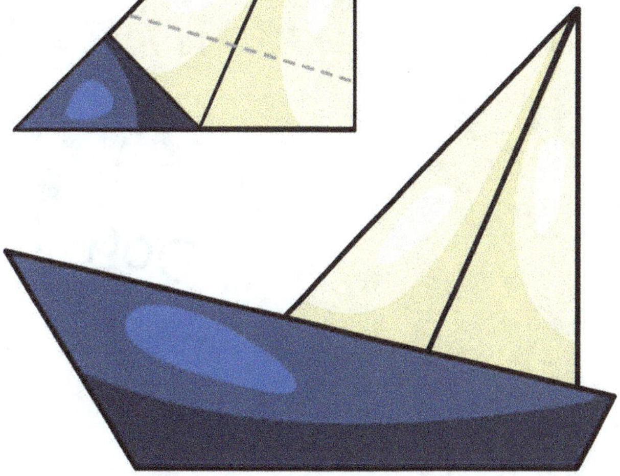

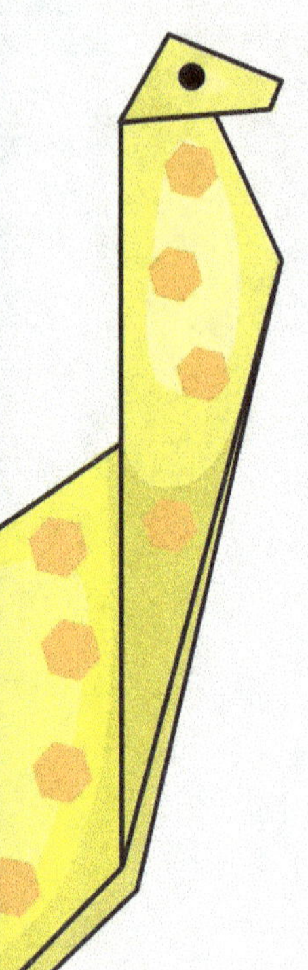

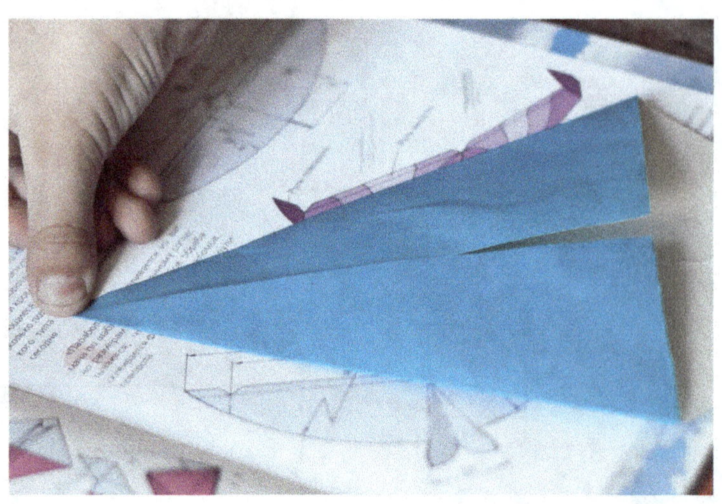

Origami para niños

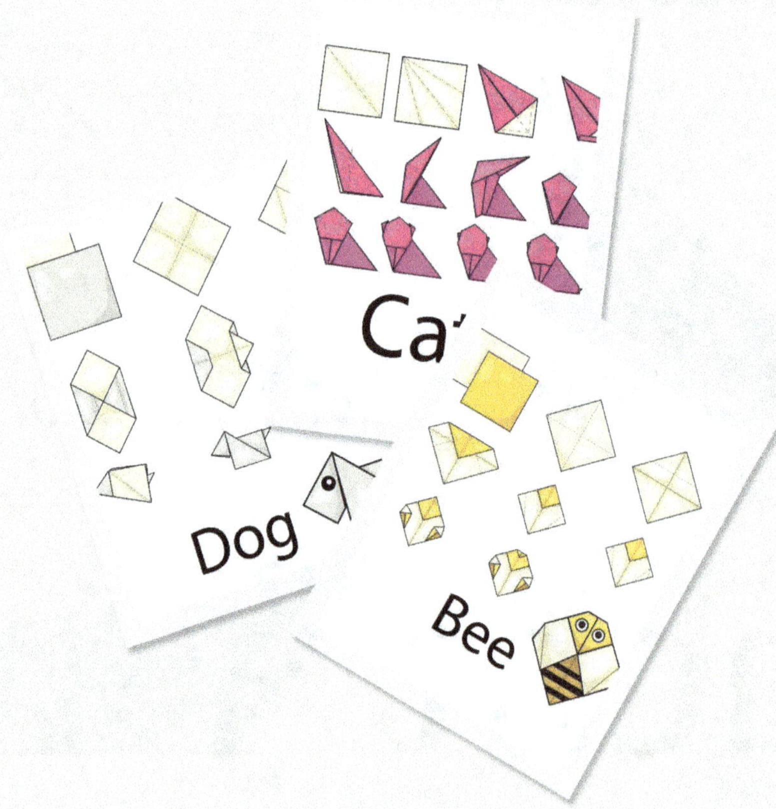

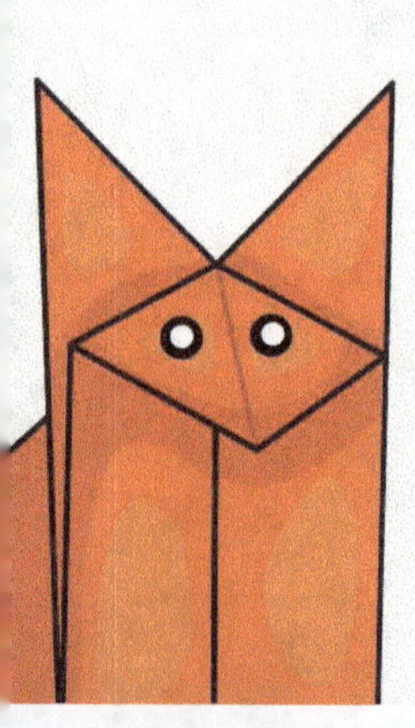

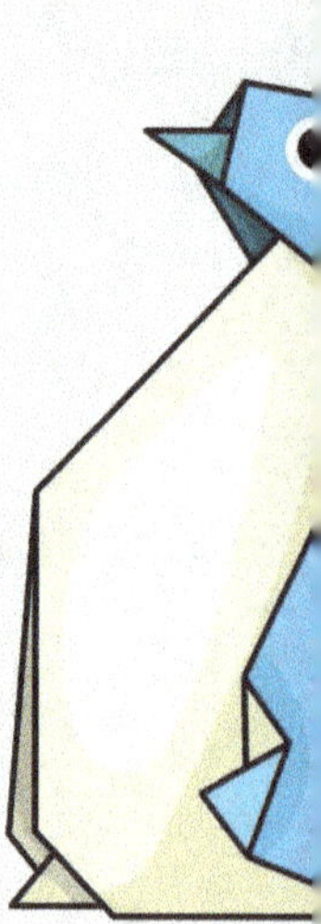